MARK KURLANSKY

Was Wäre Wenn?

Die Welt Ohne Fische

MARK KURLANSKY

Was Wäre

Die Welt

Wenn?

Ohne Fische

Mit Illustrationen von Frank Stockton
Aus dem amerikanischen Englisch von Sarah Ziegler

Boje

Dieser Titel ist auch als E-Book erschienen

Titel der amerikanischen Originalausgabe:
„World Without Fish"
Für die Originalausgabe:
Copyright © 2011 by Mark Kurlansky
Illustrations Copyright © 2011 by Frank Stockton
Design Copyright © by Workman Publishing
Published by arrangement with Workman Publishing Company, New York

Die Zitate von Charles Darwin stammen aus: Charles Darwin: *Die Entstehung der Arten*
(*Über die Entstehung der Arten im Thier-und-Pflanzenreich durch natürliche Züchtung oder*
Erhaltung der vervollkomneten Rassen im Kampfe um's Daseyn), aus dem Englischen von
Carl W. Neumann, Reclam, Stuttgart, 1986;
im englischen Original erstmals erschienen 1859, London.
Die Rechtschreibung wurde modernisiert.

Für die deutschsprachige Ausgabe:
Copyright © 2013 by Bastei Lübbe GmbH & Co. KG, Köln
Umschlaggestaltung, Layout und Satz: Florian v. Wissel, hoop-de-la.com,
in Anlehnung an das amerikanische Original
Gesetzt aus der Youbee, LD Emily Pen
Druck und Einband: Himmer AG, Augsburg

Printed in Germany
ISBN 978-3-414-82367-0

5   4   3   2   1

Sie finden uns im Internet unter: www.boje-verlag.de

FÜR MARIAN UND TALIA
UND UNSER LEBEN AM MEER

INHALT

EINLEITUNG
EINE KURZE ERKLÄRUNG DES PROBLEMS....9

KAPITEL 1
WAS PASSIEREN KÖNNTE – UND WIE....25

KAPITEL 2
WIE DIE MENSCHEN MIT DER FISCHEREI BEGANNEN
UND DARAUS EINE GANZE INDUSTRIE ENTSTAND....45

KAPITEL 3
DIE TRAURIGE, ABSCHRECKENDE GESCHICHTE
DES GRANATBARSCHS....63

KAPITEL 4
DAS MÄRCHEN VON DER FÜLLE DER NATUR – UND WIE DIE
WISSENSCHAFT JAHRELANG UNRECHT HATTE....75

KAPITEL 5
EINE KURZE GESCHICHTE DER
FISCHEREIPOLITIK....87

KAPITEL 6

WARUM HÖREN WIR NICHT EINFACH
AUF ZU FISCHEN?....101

KAPITEL 7

VIER MÖGLICHE LÖSUNGEN –
UND WARUM DIE ALLEIN NICHT REICHEN WERDEN....111

KAPITEL 8

DIE BESTE LÖSUNG FÜR DIE ÜBERFISCHUNG:
NACHHALTIGE FISCHEREI....131

KAPITEL 9

WIE DIE UMWELTVERSCHMUTZUNG FISCHE TÖTET....141

KAPITEL 10

WIE DER KLIMAWANDEL FISCHE TÖTET....159

KAPITEL 11

ES IST ZEIT AUFZUWACHEN....167

EIN PAAR TIPPS UND INTERNETADRESSEN....193

DANKSAGUNG....205

DAS BUCH VON A BIS Z....206

VITEN....208

EINE KURZE
ERKLÄRUNG
DES
PROBLEMS

„Ein großer Bestand von Individuen derselben Art im Verhältnis
zur Anzahl ihrer Feinde ist unumgänglich für ihre Erhaltung."
—Charles Darwin, ÜBER DIE ENTSTEHUNG DER ARTEN

In den meisten Geschichten über die ZERSTÖRUNG unseres PLANETEN gibt es einen FIESEN SCHURKEN mit einem HEIMTÜCKISCHEN PLAN.

ABER DIESE GESCHICHTE ERZÄHLT DAVON, WIE DIE ERDE VON GUTEN MENSCHEN ZERSTÖRT WERDEN KÖNNTE.

VIELE FISCHARTEN, DIE WIR KENNEN UND DIE REGELMÄSSIG AUF UNSEREN TELLERN LANDEN, KÖNNTEN INNERHALB DER NÄCHSTEN 50 JAHRE VERSCHWUNDEN SEIN.

DAZU GEHÖREN LACHSE, THUNFISCHE, KABELJAUE, Schwertfische und Sardellen. Wenn es sie in den Ozeanen nicht mehr gibt, dann bekommen auch andere Tiere Probleme. Andere Fische, die von ihnen abhängig sind. Aber auch Seevögel wie Möwen oder Kormorane, die sich von Fischen ernähren. Und Säugetiere wie Robben oder Schweinswale, die besonders gerne Sardellen fressen. Und das ist nur ein kleiner Teil der Kettenreaktion, die das Verschwinden weniger Fischarten in Gang setzen könnte. Langsam – oder vielleicht auch schneller als gedacht – könnte sich das Leben, das sich in Milliarden von Jahren auf unserer Erde entwickelt hat, völlig verändern.

Wenn ihr im Moment noch zur Schule geht, dann bedeutet das, dass ihr in einer ganz besonderen Zeit geboren seid. Im 18. Jahrhundert sorgte die industrielle Revolution dafür, dass viele Dinge nicht mehr mit den Händen und Kräften von Arbeitern gefertigt wurden, sondern von Maschinen in großen Fabriken. Diese Zeit hat die Beziehung der Menschen zur Natur völlig verändert. Und nicht nur das: Auch das Verhältnis der Menschen zueinander, zur Politik, zur Kunst, zur Architektur und zu unserem Planeten ist seitdem ein anderes. Die industrielle Revolution dauerte 120 Jahre. Heute wird es nicht mal halb so lange dauern, bis sich noch einmal so viel verändern wird wie damals. Von dem Moment an, in dem ihr beginnt zu arbeiten, bis zu eurer Rente wird sich unfassbar viel getan haben. Die Zukunft der Welt, vielleicht sogar

DAS ÜBERLEBEN UNSERES PLANETEN WIRD DAVON ABHÄNGEN, WIE DIE MENSCHEN MIT DIESEN VERÄNDERUNGEN UMGEHEN. UND SO HAT EURE GENERATION UNVERSCHULDET MEHR VERANTWORTUNG ALS JEDE ANDERE ZUVOR IN DER GESCHICHTE DER MENSCHHEIT.

CHARLES DARWIN
*(*12. Februar 1809
† 19. April 1882)*

Darwin verbrachte mehrere Jahre seines Lebens an Bord des Forschungsschiffs Beagle. Am Anfang kämpfte er stark mit seiner Seekrankheit.

EINER DER GROSSEN DENKER während der industriellen Revolution war der Engländer Charles Darwin. Im Jahr 1859 veröffentlichte er eines der wichtigsten Bücher, die je geschrieben wurden: *Über die Entstehung der Arten durch natürliche Zuchtwahl oder die Erhaltung der begünstigten Rassen im Kampfe ums Dasein.* Oder kurz und einfach gesagt: *Über die Entstehung der Arten.*

In diesem Buch erklärt Darwin, dass alle Arten von Lebewesen – egal ob

Tiere, Pflanzen, Bakterien oder Pilze – immerzu ums Überleben kämpfen. Für Darwin war die Natur kein freundlicher, sondern ein grausamer Ort, an dem eine Art stets versucht, ihr eigenes Überleben zu sichern – ohne Rücksicht auf andere.

Er schrieb: *Wir sehen nicht oder vergessen, dass die Vögel, welche um uns her sorglos ihren Gesang erschallen lassen, meistens von Insekten oder Samen leben und mithin beständig Leben vertilgen.*

Alle Lebewesen werden in der Biologie in sieben Kategorien eingeteilt: REICH, STAMM, KLASSE, ORDNUNG, FAMILIE, GATTUNG und ART.

Am besten merkt man sich die Reihenfolge der sieben Kategorien mit einer Eselsbrücke, zum Beispiel dieser: Roberts sieben Kilo Orangen faulen gerade an.

Ein Kabeljau und ein Mensch gehören zum sel-ben Reich, den Tieren. Sie gehören auch zum selben Stamm, den Wirbeltieren. Beide haben also eine Wirbelsäule. Aber danach, bei der Klasse, trennen sich ihre Wege. Der Kabel-jau gehört zur Klasse der Fische; der Mensch zu den Säugetieren.

Genauer gesagt sind Menschen *Wirbeltiere* aus der Klasse der *Säuger* und gehören zur Ordnung der Primaten (genau wie alle Affen und Halbaffen). Noch eine Stufe darunter sind wir Teil der Familie der *Hominidae* – zusammen mit Menschenaffen wie Gorillas und Schimpansen. Innerhalb dieser Familie sind wir aber eine eigene Gattung namens *Homo*. Uns unterscheidet von den anderen Gattungen unserer Familie, dass wir ausschließlich auf zwei Beinen laufen.

Innerhalb unserer Gattung gehören wir Menschen zur einzig verbliebenen Art: *Homo sapiens*. Alle anderen Arten der Gattung *Homo* sind schon vor langer Zeit ausgestorben.

Der Kabeljau hingegen ist ein Fisch aus der Familie der Dor-sche (*Gadidae*). Diese Fischfamilie ist gut entwickelt, hat ausgeprägte Flossen und lebt nah am Meeresboden. Der Kabeljau ist ein Raubfisch, der frisst, was über und unter ihm schwimmt. Und er selbst wird gerne vom Menschen gegessen – wegen seines weißen Fleischs.

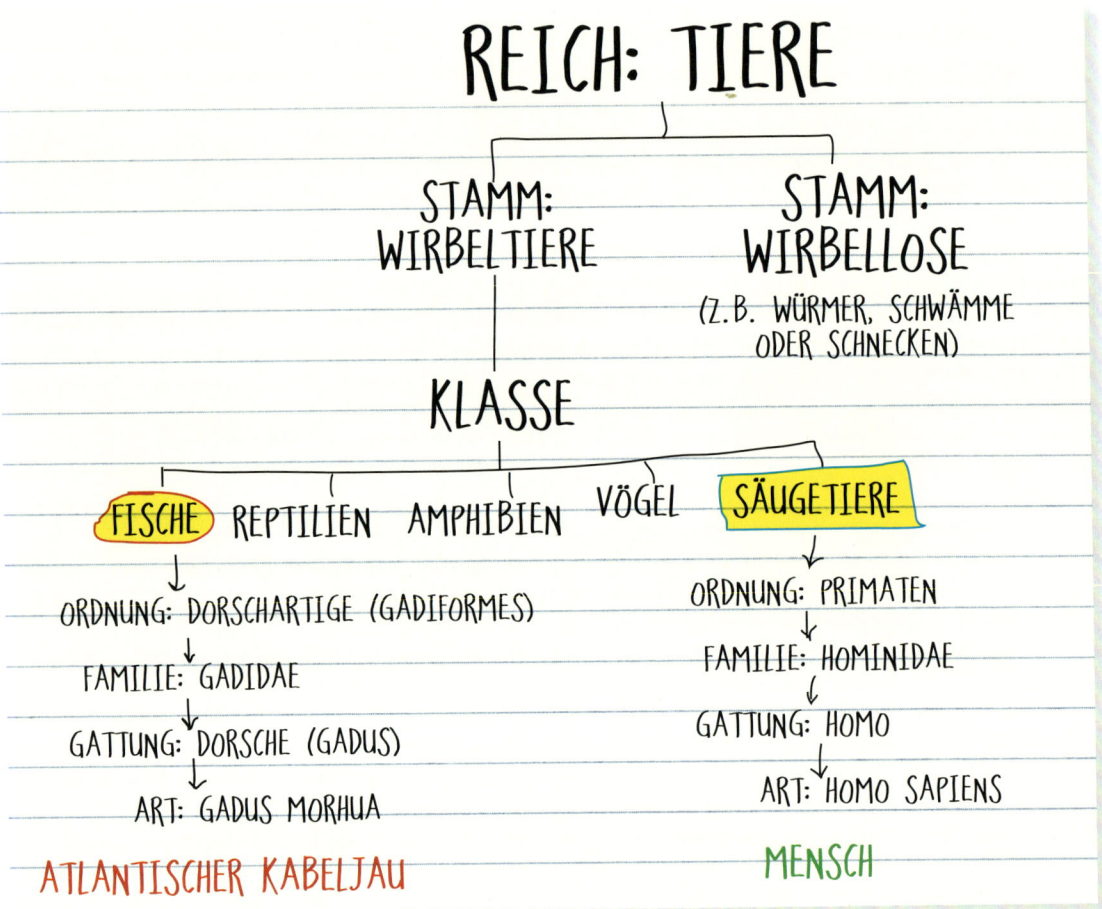

Darwin schrieb, dass jede Art für das Überleben ihrer Population kämpft. Das ist der biologische Begriffe für Tiere einer bestimmten Art, die als Gruppe in einem Gebiet leben. Die Art kämpft nicht bewusst – es ist Teil ihres Instinkts. Darum ist es aber auch nicht verwunderlich, dass wir Menschen uns besonders verbunden fühlen mit Lebewesen, die uns biologisch sehr nahe sind. Einen anderen Menschen zu töten ist für uns das schlimmste Verbrechen. Auch ein Lebewesen zu töten, mit dem wir relativ nah verwandt sind, ist für viele von uns unvorstellbar; einen Schimpansen zum Beispiel.

Wir sorgen uns mehr um Arten, die zu unserer eigenen Säugetier-Klasse gehören – wie Eisbären, Wale oder Robben –, als um Tiere aus einer anderen Klasse wie Fische. Ein Vegetarier isst zwar keine Tiere, hat aber kein Problem damit, andere Lebewesen wie Pflanzen oder Pilze zu essen. Liegt es daran, dass sie nicht zum selben Reich gehören?

CHARLES DARWIN HATTE HERAUSGEFUNDEN, wie der Kampf ums Überleben der Arten funktioniert: Es geht dabei nicht wirklich um blutige Kämpfe zwischen verschiedenen Arten. Es bedeutet nicht, dass eine Fischart der anderen den Krieg erklärt. Darwin meinte mit seiner Theorie, dass sich Arten von Generation zu Generation entwickeln. Nicht, weil sie es wollen, sondern weil das Erbgut in ihren Zellen sich verändert. Dabei entstehen über lange Zeiträume hinweg immer wieder neue Eigenschaften und Fähigkeiten. Wenn eine Art mit diesen Veränderungen gut klarkommt und sie an ihre Nachfahren weitervererben kann, hat sie gute Überlebenschancen. Wenn nicht, dann stirbt sie wahrscheinlich aus.

Unsere Familie, die *Hominidae*, war eine sehr erfolgreiche Familie. Sie brachte viele verschiedene Gattungen und Arten hervor. Besonders erfolgreich war die Gattung *Homo*. Doch auch von ihr hat nur eine Art überlebt: der *Homo sapiens*.

Darwins Ideen waren zu seiner Zeit sehr umstritten. Viele Menschen waren wütend darüber, dass er die Natur nicht als gütig ansah. Andere fanden, dass seine Theorie nicht mit der Bibel vereinbar war. Sie glaubten, dass Arten nicht durch zufällige Entwicklungen in der Natur entstehen, sondern jede neue Art auch ganz neu erschaffen wird. Erst recht wollten sie nicht akzeptieren, dass laut Darwin auch der Mensch nur eine weitere Entwicklung der Natur, ein weiteres Tier ist und kein besonderer Akt der Schöpfung. Auch heute gibt es noch Menschen, die Darwins Theorie von der Evolution ablehnen, weil die Bibel anders über die Schöpfung des Menschen und des Lebens erzählt. Doch viele halten Darwins Gedanken für richtig. Und Wissenschaftler haben seit der Veröffentlichung seines Buches 1859 in der Natur vieles beobachtet, das Darwins Ideen bestätigt.

Genau wie unsere Art kämpften Millionen von Pflanzen- und Tierarten um das eigene Überleben. Dabei veränderten sich um sie herum ständig ihre Lebensbedingungen – zum Beispiel das Klima. Viele Arten begannen, in andere Gebiete zu wandern, wenn es in ihrer früheren Heimat schwierig wurde. Manche Arten verschwanden, andere breiteten sich immer weiter aus. Manchmal waren es nur winzige Kleinigkeiten, die sich änderten – aber so klein diese Änderungen auch waren, sie hatten Einfluss auf die ganze Natur. Das ist heute nicht anders – alles ist in ständiger Bewegung, auch wenn wir es gar nicht bemerken. Und manchmal gestaltet sich die Natur dadurch ganz langsam neu.

Dabei ändern sich nicht nur die Lebensbedingungen der Pflanzen und Tiere – auch sie selbst entwickeln sich immer weiter. Es kann alles Mögliche passieren. So gibt es Tierarten, deren Farbe sich im Laufe der Evolution verändert hat oder die sich vom Leben im Dschungel auf das Leben in der Savanne umgestellt haben. Solche Veränderungen können gelingen und der Art das Überleben sichern, gerade wenn sich die Umwelt um sie herum wandelt und ganz neue Ansprüche an sie stellt. Manchmal entwickeln sich so auch völlig neue Arten. Auch der moderne Mensch, der *Homo sapiens*, ist so entstanden. Unsere frühen Vorfahren waren affenartige Wesen mit kleineren Gehirnen, die noch auf allen vieren unterwegs waren.

Häufig aber schlagen diese Experimente der Natur auch fehl, und die Art stirbt aus.

Darwins Evolutionstheorie ist wichtig, um zu verstehen, was heute in unseren Ozeanen passiert. Darwin hat zwar kaum etwas über die Meere geschrieben, aber das System des Lebens unter Wasser hängt eng mit dem an Land zusammen.

ALLES LEBEN AUF DER ERDE IST MITEINANDER VERBUNDEN. VERÄNDERN SICH DIE UMSTÄNDE, DANN VERÄNDERT SICH MIT IHNEN DAS LEBEN IM MEER UND DAMIT AUCH DAS LEBEN AN LAND. UND LETZTENDLICH AUCH UNSER LEBEN.

Es existieren nicht zwei verschiedene Welten. Es gibt nicht die Welt der Menschen und getrennt davon eine Welt der Tiere und Pflanzen. Nicht eine natürliche und eine vom Menschen erschaffene Welt. Wir alle bewohnen denselben Planeten und sind Teil derselben natürlichen Ordnung. Pflanzen und Tiere beeinflussen unser Leben – und wir ihres. Selbst die kleinsten Veränderungen können unvorhersehbare Folgen für alle haben – und oft gibt es dann keinen Weg zurück.

FÜR DARWIN WAR KLAR: Damit eine Art überhaupt überleben kann, muss sie aus vielen Individuen bestehen. Denn die meisten Arten haben viele Feinde, die sie töten, um sie zu fressen. Nur wenn immer genügend Lebewesen einer Art übrig bleiben, die viel Nachwuchs zeugen können, hat sie eine Chance. Sonst stirbt sie langsam aus.

ATLANTISCHER LACHS
(*Salmo salar*)
Diese Fischart ist kurz vor der wirtschaftlichen Ausrottung, anders als zum Beispiel der Alaska-Wildlachs im Pazifik.

In der Fischerei unterscheidet man zwischen dem *biologischen Aussterben* und dem *wirtschaftlichen Aussterben*. Biologisch ausgestorben bedeutet, dass nicht ein einziges Tier dieser Art noch am Leben ist – oder zumindest, dass man schon viele Jahre lang keines mehr gesehen hat. Das kommt bei Fischen selten vor. Doch viele Fische gelten als wirtschaftlich ausgestorben. Das heißt: Es gibt nur noch so wenige Fische der betroffenen Art, dass es sich nicht mehr lohnt, sie überhaupt zu fischen. So geht es zum Beispiel dem Atlantischen Lachs. Statt wie einst Hunderttausende Lachse schwimmen heute nur noch Hunderte durch den Ozean. Und niemand weiß, ob diese wenigen Fische genug Nachkommen zeugen können, um jemals wieder einen Bestand aufzubauen, der so groß ist wie früher. Wenn die übrigen Lachse das nicht schaffen, dann könnte ihre Art bald auch biologisch aussterben und ganz aus dem Meer verschwinden.

DIE WISSENSCHAFT WEISS HEUTE: Das Leben auf der Erde muss vielfältig sein. Biodiversität heißt das Fachwort dafür. Es meint, dass es in der Natur viele verschiedene Arten geben muss. Je weniger Biodiversität es gibt, desto schwieriger wird das Überleben für die übrigen Arten. Auch für uns, die Menschen. Wir müssen uns nur immer wieder vor Augen halten, dass wir die einzige überlebende Art unserer Gattung *Homo* sind.

Den Begriff Biodiversität haben Biologen erst im Jahr 1986 eingeführt. Zwei Jahre später setzte er sich bei einer Konferenz unter Biologen dann durch. Doch die Idee dahinter erklärte Darwin schon über 120 Jahre vorher in seinem Buch *Über die Entstehung der Arten*: Je mehr unterschiedliche Arten, desto besser.

In den vergangenen Jahrhunderten haben Biologen rund einer Million Arten einen Namen gegeben, und sie kennen noch etwa 800 000 weitere, die noch nicht benannt und wissenschaftlich beschrieben worden sind. Forscher vermuten aber, dass es bis zu zehn Millionen verschiedene Arten – Pflanzen, Tiere, Pilze und auch Bakterien – gibt; vielleicht sogar noch mehr. Das bedeutet:

DIE MEISTEN ARTEN MÜSSEN ERST NOCH ENTDECKT WERDEN. MANCHE VON IHNEN WERDEN AUSSTERBEN UND VON DER ERDE VERSCHWINDEN, BEVOR WIR ERFAHREN, DASS SIE ÜBERHAUPT EXISTIERT HABEN.

Ein Ort, an dem die Arten in rasender Geschwindigkeit sterben, liegt in den Ozeanen. Überall in den empfindlichen Korallenriffen der Welt, in denen viele verschiedene Tiere und Pflanzen heimisch sind, verschwinden Arten in rasendem Tempo.

Korallenriffe bestehen aus Korallenpolypen. Das sind kleine, skelettlose und etwas durchscheinende Tiere, die mit den Quallen und Seeanemonen verwandt sind. Sie setzen sich auf dem Boden oder auf Steinen fest. Dort bleiben sie dann, pflanzen sich fort und bilden am Boden große Skelette aus Kalkstein. So wird aus vielen kleinen Polypen nebeneinander in Jahrtausenden eine riesige Kolonie, die wie ein einziges Lebewesen funktioniert und in der viele Fische und andere Arten einen sicheren Lebensraum finden. Mit der Zeit wächst die Kolonie mit anderen Kolonien zusammen. Gemeinsam bilden sie ein Riff, das dank seiner Artenvielfalt in den schillerndsten Farben erstrahlt. Die Geschichte mancher heute lebender Korallenriffe begann schon vor 50 Millionen Jahren.

DOCH DIE KORALLENRIFFE STERBEN. UND SCHULD DARAN SIND DIE DREI HAUPTGRÜNDE FÜR DIE ZERSTÖRUNG DER MEERE: ÜBERFISCHUNG, UMWELTVERSCHMUTZUNG UND KLIMAWANDEL.

WIR KENNEN RUND 20 000 verschiedene Fischarten, auch wenn es noch weitaus mehr geben könnte, von denen wir nichts wissen. Hin und wieder wird eine neue Art entdeckt – und manche Art stirbt aus, bevor wir überhaupt erfahren, dass sie je existiert hat.

QUASTENFLOSSER
(Latimeria chalumnae)
Der Dichter Ogden Nash nannte den Quastenflosser „unser einziges lebendes Fossil".
Auch wenn 20 000 bekannte Fischarten nach viel klingen; so groß ist die Zahl eigentlich gar nicht. Es gibt zum Beispiel allein 550 000 bekannte Weichtierarten wie Schnecken und Muscheln und 751 000 bekannte Insektenarten.

Nichts ist wirklich sicher in unserem Wissen über die Ozeane. Fische, von denen man dachte, es gebe reichlich von ihnen, sind plötzlich verschwunden. Fische, von denen man glaubte, sie seien ausgestorben, wurden plötzlich wiederentdeckt. Das geschah zum Beispiel 1938: Auf dem Deck eines südafrikanischen Fischdampfers lag auf einmal ein Quastenflosser. Dabei hatte man angenommen, dass er schon vor vielen Millionen Jahren mit den Dinosauriern ausgestorben war. Die Liste der 20 000 bekannten Fischarten wird darum ständig überarbeitet. Manche Arten sterben aus, andere werden erst aufgespürt.

Aber eine Gewissheit in den Ozeanen gibt es doch: Etwas Großes geschieht dort. Die natürliche Ordnung verschiebt sich, und das wird zu großen biologischen und gesellschaftlichen Umbrüchen führen.

Das Verschwinden vieler Arten ist auch auf dem Land zu spüren, zum Beispiel in den tropischen Regenwäldern. Sie werden abgeholzt, damit Menschen dort Häuser bauen können. Oder um das Holz der Bäume zu Möbeln und anderen Dingen zu verarbeiten. Tiere und Pflanzen verlieren so ihre Lebensräume.

Auf der ganzen Welt scheinen Säugetiere und Reptilien zu verschwinden. Manche Forscher sagen voraus, dass bis zum Jahr

2100 bis zu 14 Prozent aller Vogelarten aussterben könnten. Andere Forscher meinen sogar, dass ein Viertel aller Säugetiere, ein Drittel aller Amphibien und 42 Prozent aller Schildkrötenarten vom Aussterben bedroht sind. Was genau passieren wird, können wir aber nicht genau wissen.

2002 veröffentlichte die Regierung der USA einen Bericht, der besagt, dass rund 90 der 274 Fischarten, die wir am häufigsten essen, von Überfischung bedroht sind. Die Ernährungs- und Landwirtschaftsorganisation der Vereinten Nationen sieht sogar zwei Drittel aller Fischarten, die sie beobachtet hat, als gefährdet an. Die Ozeane stecken in großen Schwierigkeiten.

RIESENMAULHAI
(Megachasma pelagios)
1976 entdeckte man eine bis dahin unbekannte Hai-Art. Das 750 Kilo schwere Tier hatte versucht, in der Nähe von Hawaii den Anker eines US-amerikanischen Marineschiffs zu fressen.

AUCH UM DIE FISCHE STEHT ES NICHT BESSER. FORSCHER SAGEN: WERDEN DIE FISCHE, DIE WIR ESSEN, WEITERHIN IN SOLCHEN MENGEN GEFANGEN, DANN WERDEN SPÄTESTENS 2048 DIE MEISTEN ARTEN NICHT MEHR IN DER LAGE SEIN, SICH DAVON ZU ERHOLEN. DENN DANN GIBT ES NICHT MEHR GENUG VIELFALT IN DEN OZEANEN.

DIE GESCHICHTE VON NOAH UND AILA: ERSTER TEIL

FORTSETZUNG FOLGT …

KAPITEL 1

WAS PASSIEREN KÖNNTE –

UND WIE

„Und wenn diese Feinde oder Mitbewerber nur
im Mindesten durch irgendeinen Wechsel des Klimas
begünstigt werden, so wachsen sie an Zahl,
und da jede Fläche bereits vollständig mit Bewohnern besetzt ist,
so muss die andere Art zurückweichen."
—Charles Darwin, ÜBER DIE ENTSTEHUNG DER ARTEN

Selbst wenn wir es versuchen würden: wir könnten nie alles Leben in den Meeren fangen und vernichten. Das ist natürlich auch gar nicht unsere Absicht. Aber dennoch: Überfischung, Verschmutzung und die globale Erwärmung könnten das ganze System Ozean in kurzer Zeit ausser Kontrolle geraten lassen. Und dann wären wir nur noch die hilflosen Zuschauer einer Katastrophe.

DER SCHLÜSSEL ZUM ERFOLG für alles Leben auf der Erde ist Biodiversität – also eine große Vielfalt der Arten. Die weit entwickelten Arten, die wie wir Menschen auch erst spät im Lauf der Weltgeschichte auftauchten, sind gleichzeitig die komplexesten – aber auch die verwundbarsten.

Das könnt ihr euch so ähnlich vorstellen wie bei neuen Technologien und Erfindungen: Früher bauten die Menschen zum Beispiel kleine, stabile Hütten oder lebten in einfachen Höhlen. Heute bauen sie komplizierte Wolkenkratzer.

Aber je höher die Gebäude sind, desto stärker sind sie Stürmen und Erdbeben ausgesetzt. Genauso ist es mit den Lebewesen: Je besser entwickelt und je komplexer sie aufgebaut sind, desto anfälliger sind sie gegenüber dem Klimawandel oder Krankheiten.

Viele weniger entwickelte Arten haben hingegen mit nur ein paar Veränderungen in ihrem Erbgut über Millionen von Jahren alle noch so schweren Hindernisse wie Eiszeiten oder Naturkatastrophen überdauert.

Die am weitesten entwickelten Tiere im Meer sind Säugetiere wie Wale, Delfine oder auch Robben. Dann folgen Fische, die eine Wirbelsäule und Flossen haben. Und auch da gibt es Unterschiede: Ein Fisch mit mehreren Flossen ist weiter entwickelt als ein Fisch mit nur einer langen Flosse. So ist zum Beispiel ein Kabeljau mit seinen drei Rücken- und drei Bauchflossen komplexer als eine Flunder. Sie hat an Bauch und Rücken jeweils nur eine lange Flosse.

ATLANTISCHER KABELJAU
(Gadus morhua)

EUROPÄISCHE FLUNDER
(Platichthys flesus)

Weiter entwickelte Fische ernähren sich häufig von weniger entwickelten Fischen. Manchmal helfen sie einander auch. Einige Delfine nutzen zum Beispiel die Hilfe der weniger entwickelten Thunfische, um die noch weniger entwickelten kleinen Fische zu finden, die beide gerne fressen.

Große Fische treiben auf der Jagd nach Nahrung oft kleinere Fische an die Meeresoberfläche. So können sie dann von einigen Seevogelarten einfach herausgefischt werden. Diese Seevögel wiederum lassen dann oft Reste ihrer Nahrung an Land als Abfall fallen. Darauf stürzen sich dann Krabben, Käfer oder Echsen. Und die werden dann irgendwann zur Beute für andere Landtiere.

Sinkt also die Zahl der verschiedenen Arten auf der Erde, wird es für die übrigen schwerer zu überleben. In der Kette fehlen auf einmal mehrere Glieder.

WÜRDEN DIE 40 WICHTIGSTEN SPEISEFISCHARTEN AUS DEN MEEREN VERSCHWINDEN ODER AUCH NUR AUF EINEN KLEINEN BESTAND ZUSAMMENSCHRUMPFEN, SO WÄRE DAS EINE ERNSTHAFTE BEDROHUNG FÜR DIE BIOLOGISCHE VIELFALT.

Andere Arten würden ebenfalls verloren gehen. Vielleicht, weil eine der 40 Fischarten zu ihrer Nahrung gehörte oder bei der Jagd danach half. Vielleicht aber auch, weil eine dieser Arten die Feinde der anderen fraß und ihnen so unbewusst das Leben erleichterte. Mit der Zeit würden alle Fische mit Flossen verschwinden. Und mit ihnen auch die meisten anderen Wirbeltiere im Meer, also solche mit Wirbelsäulen.

Ihr Verschwinden würde das Leben in den Meeren stark verändern. Es könnte wieder so ähnlich aussehen wie einst vor rund 550 Millionen Jahren. Das ist die Zeit, die Wissenschaftler auch das frühe Kambrium nennen. Das war noch lange, bevor die ersten Dinosaurier über die Erde liefen. Damals gab es vermutlich auch noch keine Fische; zumindest hat noch niemand so alte Fischfossilien gefunden. Die ältesten Funde sind etwa 500 Millionen Jahre alt. Diese Vorfahren der heutigen Fische sind aber schon längst wieder ausgestorben.

TRILOBIT
(Elrathii kingii)

Fische waren die ersten echten Wirbeltiere. Bis sie sich entwickelten, gab es nur Wirbellose. Dazu gehörten im frühen Kambrium Würmer, Schnecken, Muscheln, Seesterne, Krabben, Tintenfische, Hummer, Insekten, Seeigel und die schon lange ausgestorbenen Trilobiten.

SIND DIE GROSSEN, WEITER ENTWICKELTEN FISCHE ERST EINMAL AUSGESTORBEN, WÜRDEN EINIGE SÄUGETIERARTEN SCHNELL FOLGEN, ZUM BEISPIEL DER DELFIN. ER WIRD BEI DER SUCHE NACH NAHRUNG VOM ROTEN THUN UNTERSTÜTZT – DOCH DEN WÜRDE ES DANN NICHT MEHR GEBEN.

ROTER THUN
(Thunnus thynnus)
Thunfischschwärme schwimmen neben Delfinen her und schützen sie dadurch vor Angriffen von Feinden wie Haien.

Robben würden einfach verhungern. Nur See-Elefanten, die auch zu den Robben gehören, könnten es länger aushalten. Denn sie ernähren sich nicht von Fischen mit Wirbelsäulen, sondern von wirbellosen Tintenfischen, die den Zusatz Fisch zu Unrecht tragen. Sie sind einfache Tiere, die ein Massensterben in den Meeren erst mal eine Weile überleben könnten. Aber dieses Glück hätten nur wenige.

OHNE GROSSE FISCHE, DIE IN DEN TIEFEN LEBEN UND KLEINE FISCHE AUF DER JAGD AN DIE MEERESOBERFLÄCHE TREIBEN, WÜRDEN AUCH SEEVÖGEL AUSSTERBEN.

Dieses Sterben hat an einigen Orten schon begonnen. Die Zahl der Möwen und Seeschwalben am Atlantik sinkt in einer alarmierenden Geschwindigkeit, denn in den oberen Wasserschichten finden sie kaum noch Fische.

Eigentlich gehören Seevögel zu den wenigen weit entwickelten Tieren, die nicht so schnell unter Futterkrisen leiden. Einige weit entwickelte tropische Seevögel sind im Grunde sogar dafür gebaut, auch mit Nahrungsmangel zurechtzukommen. Die neueren Vogelmodelle – und neu meint in der Natur ein Alter von nur ein paar Millionen Jahren – haben sehr kleine, kümmerliche Füße.

Sie sind meistens in der Luft und müssen nicht oft landen. Darum haben sie besonders gut gebaute, lange Flügel, mit denen sie mühelos und ohne Zwischenlandung weite Entfernungen zurücklegen können.

Und das nutzen sie: Tropische Seevögel fliegen sehr weit auf der Suche nach Futter. Fregattvögel zum Beispiel können mehrere Monate am Stück in der Luft bleiben. Sie sind sehr anmutige Flieger – nur ihre Landungen sehen merkwürdig aus.

Beginnt das Massensterben in den Meeren, könnten sie wegen ihrer Flugfähigkeiten trotzdem noch eine Weile überleben. Sie haben die Kraft, weit zu reisen, um Nahrung zu finden. Sie scheuen sich auch nicht davor, Möwen und anderen Vögeln ihr Futter zu klauen. Und wenn es zu wenig Fisch gibt, können die Fregattvögel ihre Beute wechseln und auf Quallenfang gehen.

PAPAGEITAUCHER
(Fratercula arctica)
Papageitaucher fressen Sandaale. Das sind wenige Zentimeter lange dünne, silbern schimmernde Fische. Seit einiger Zeit werden Sandaale zu Hunderttausenden aus den Ozeanen geholt und in Fischfarmen verfüttert (siehe Kapitel 7). Einer Fischereifirma von der schottischen Nordseeküste, die Sandaale fängt, machen Umweltschützer große Vorwürfe. Sie meinen, die Firma sei verantwortlich dafür, dass es immer weniger Seevögel wie Papageitaucher und Rissa-Möwen gibt.

Die Rußseeschwalbe hat lange, dünne Flügel, mit denen sie sogar bis zu sechs Jahre in der Luft bleiben kann. Dabei pickt sie immer wieder Fische aus dem Wasser. Besonders gerne fressen Rußseeschwalben fliegende Fische. Das sind Fische, die mehrere Meter hoch aus dem Wasser springen können und dann bis zu 400 Meter weit über der Oberfläche gleiten. Die Seeschwalben können sie gut aus der Luft schnappen. Doch die Fische fliegen meist nur dann, wenn sie auf der Flucht vor Angreifern aus der Tiefe sind – wie Delfinen oder Thunfischen. Sterben die aus, haben die fliegenden Fische keinen Grund mehr zum Fliegen, und die Rußseeschwalbe kann sie nicht mehr fangen.

Vögel orientieren sich auch oft an Delfinen, Walen, Thunfischen oder anderen großen Fischarten, um Beute zu erspähen. Ein Beispiel dafür ist der Salvin-Sturmvogel. Er lebt auf den Juan-Fernández-Inseln in Chile. Die Inseln sind durch den Roman *Robinson Crusoe* bekannt geworden, der auf der wahren Geschichte eines Schiffbrüchigen beruht.

Die Sturmvögel verlassen sich unter anderem auf die Ostpazifischen Delfine, die sie unbewusst zu ihrer Beute führen. Der Sturmvogel ist auf der Nahrungssuche total abhängig von solchen Unterwasserjägern. Obwohl er also dank seiner langen starken Flügel große Ausdauer hat – mit dem Verschwinden der großen, weiter entwickelten Fische wäre auch sein Schicksal besiegelt.

SALVIN-STURMVOGEL
(Pteroderma externa)
Diese Sturmvogel-Art, die nur in der Gegend um Chile vorkommt, steht auf mehreren Listen für bedrohte Arten.

AM ENDE GÄBE ES NUR WENIGE ÜBERLEBENDE IN DEN OZEANEN.

Zu den Überlebenden würde wahrscheinlich auch das Plankton gehören. So nennt man die vielen winzig kleinen, meist durchsichtigen Wasserlebewesen. Das können Tiere, aber auch Algen sein. Krill, die kleinen Krebse, die zum Beispiel von Buckelwalen gefressen werden, zählt ebenfalls zum Plankton. Von ihm ernähren sich viele Meeresbewohner, denn es ist wegen seines hohen Eiweißgehaltes sehr nahrhaft.

Alles Plankton der Meere zusammen bildet die größte Eiweißmasse der Welt. Würde es all die Tiere, die Plankton fressen, nicht mehr geben, würde diese Masse immer größer werden, die Meere regelrecht verstopfen und ganz anders färben, vermutlich pink oder orange. Bei solch riesigen Massen spricht man auch von einer Algenblüte, denn die Algen im Plankton sind meist schuld an der schnellen und starken Vermehrung.

Die Folge einer Algenblüte: Teile des Planktons sterben wieder und stoßen beim Verrotten giftige Gase aus, die sich über große Flächen ausbreiten. Dieses Gift würde Schalentiere wie große Hummer oder Austern und andere Tiere töten. Auch dieser Prozess hat in unseren Meeren schon begonnen.

Immer mehr Gebiete wie Küsten, an denen zum Beispiel Muscheln zu Tausenden leben, mussten schon für Besucher geschlossen werden, weil dort eine Algenblüte herrschte. Sie wird aufgrund der Färbung, die das Wasser dadurch annehmen kann, auch „rote Flut" genannt. Bald könnte das Meer eine einzige rote Flut sein.

SCHÄDLICHE ALGENBLÜTE
Eine Algenblüte, auch rote Flut genannt, an der Küste Alaskas in den USA.
Solche Blüten scheinen immer häufiger vorzukommen, meint die
US-amerikanische Wetter- und Ozeanografiebehörde.

WEITERE ÜBERLEBENDE WÄREN DIE QUALLEN. DIESE TIERE GAB ES SCHON IN DER ZEIT DES KAMBRIUMS VOR ÜBER 500 MILLIONEN JAHREN. EIGENTLICH GEHÖREN DIE QUALLEN AUCH ZUM PLANKTON, SIND ABER VIEL WEITER ENTWICKELT ALS DIE MEISTEN ANDEREN PLANKTON-WESEN. DIE QUALLE IST SOZUSAGEN DIE KAKERLAKE DER MEERE. KAKERLAKEN GELTEN ALS SEHR ROBUST. SIE WERDEN WOHL AUCH UNS MENSCHEN ÜBERDAUERN.

NOMURA-QUALLE
(Nemopilema nomurai)

Seit einigen Jahren werden immer mehr Quallen
in den Meeren gezählt. Besonders eindrucksvoll ist
eine regelrechte Invasion von Nomura-Quallen im
Japanischen Meer. Diese Tiere sind etwa zwei Meter
groß und wiegen bis zu 200 Kilogramm.

Wir mögen Quallen in der Regel nicht besonders. Genau wie Insekten gehören sie nicht zu unserem biologischen Stamm, anders als Fische oder Affen. Trotz allem: Quallen sind ein Erfolg der Evolution. Sie können – genau wie Kakerlaken – sehr wahrscheinlich auch Veränderungen überleben, die weiter entwickelte Tiere nicht überstehen würden. Sie vertragen ungewöhnlich viele verschiedene Arten von Nahrung. Und wenn sie nicht genug zum Fressen finden, verkleinern sie sich selbst, sodass sie weniger Futter benötigen. Außerdem können Gifte ihnen nichts anhaben, und sie brauchen keine andere Qualle, um Nachwuchs zu zeugen. Ihre Nachkommen entstehen nur aus ihren eigenen Zellen.

Bis jetzt werden die Quallen-Bestände noch von ihren Fressfeinden unter Kontrolle gehalten. Das sind 124 Fischarten und 34 andere Tierarten. Aber wenn diese Feinde verschwinden und sie nicht mehr fressen können, würde die Zahl der Quallen stark ansteigen. Die globale Erwärmung könnte den Quallen zusätzlich helfen. Denn Wärme lässt diese Tiere wachsen und hilft ihnen dabei, sich zu vermehren. In diesem Fall könnte sich die Nahrungskette sogar umdrehen. Die Jäger könnten zu den Gejagten werden. Würde es immer mehr Quallen geben und immer weniger ihrer Jäger, also große Fische, dann könnten die Quallen tatsächlich eines Tages anfangen, solche Fische zu fressen.

Eine Qualle erlegt ihre Beute, indem sie sie mit ihren Tentakeln sticht und betäubt. Dann saugt sie ihre Nahrung durch eine Mundöffnung in ihrem Bauch in sich hinein. Der Bauch ist gleichzeitig eine Art Pumpe, mit deren Hilfe sich die Qualle durchs Wasser schiebt.

DIE ÜBERNAHME DER WELTHERRSCHAFT DURCH QUALLEN KLINGT WIE EINE GESCHICHTE FÜR EINEN SCIENCE-FICTION-FILM. ABER IN EINER WELT OHNE FISCHE KÖNNTE SIE TATSÄCHLICH WIRKLICHKEIT WERDEN.

Ein Quallen-Snack gefällig? In etwa 60 Jahren könnten Quallen im schlimmsten Fall unsere einzige Möglichkeit sein, um mal etwas aus dem Meer zu essen. In den westlichen Ländern der Welt ist Qualle kein besonders beliebtes Lebensmittel, aber die Chinesen essen sie schon seit langer Zeit. In Asien werden jährlich etwa 385 000 Tonnen Quallen gefangen. Hier ist ein Rezept für einen leichten Quallen-Salat.

QUALLEN-SALAT

- 225 Gramm geschnetzelte Qualle
- 2 Teelöffel leichte Soja-Soße
- 3 Esslöffel Sesamöl
- 2 Teelöffel weißen Reisessig
- 2 Teelöffel Zucker
- 3 Esslöffel getoastete Sesamkörner

Bringt einen Topf mit Wasser zum Kochen. Wascht das Quallenfleisch unter kaltem Wasser ab und lasst es abtropfen. Dann legt das Fleisch in das kochende Wasser, aber stellt die Herdplatte aus und lasst das Fleisch einfach 15 Minuten lang im noch heißen Wasser ziehen, bis es zart ist. Legt das Fleisch danach noch mal für fünf Minuten in eine Schale mit kaltem Wasser und lasst es abtropfen. Wiederholt diesen Vorgang fünf Mal mit frischem Wasser und tupft das Fleisch am Ende mit einem Küchentuch trocken.

Verrührt die Sojasoße, das Sesamöl, den Reisessig und den Zucker und wälzt das Quallenfleisch darin. Dann lasst alles etwa 30 Minuten ziehen und rührt ab und zu um. Kurz vor dem Servieren könnt ihr die Sesamkörner darüber streuen.

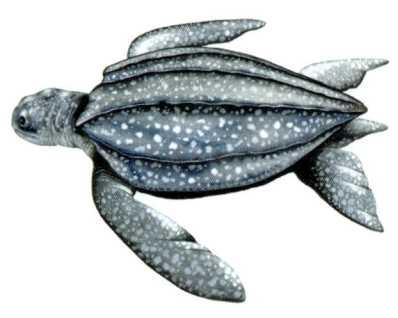

LEDERSCHILDKRÖTE
(Dermochelys coriacea)
Lederschildkröten sind die größten
lebenden Meeresschildkröten.
Erwachsene Tiere werden im Schnitt
etwa zwei Meter groß. Das schwerste
Tier, das je gefunden wurde, wog
über 990 kg. Doch ihre Jungen sind
nach dem Schlüpfen gerade einmal
wenige Zentimeter groß und
leichte Beute für Feinde. Die USA
haben Lederschildkröten auf eine
Liste für bedrohte Arten gesetzt, und
Umweltschutzorganisationen in aller
Welt versuchen, sie zu schützen.

Ein paar anderen Tierarten könnte es auch anfangs nützen, wenn all diese Ereignisse eintreten, zum Beispiel den Lederschildkröten. Sie sind eine uralte Tierart; älter als die meisten Fische. Das wichtigste Nahrungsmittel dieser Schildkröten sind Quallen.

In einer Welt voller Quallen müssten Schildkröten nie hungern und auch nie lange auf Beutesuche gehen. Allerdings: Wenn es kaum noch Fische im Meer gibt, könnten die Menschen sowohl auf Quallen- als auch auf Schildkrötenjagd gehen. Die Schildkröten wären also womöglich nur für kurze Zeit sicher.

Würde es in den Meeren wieder so ähnlich aussehen wie vor vielen Millionen Jahren, dann könnten auch andere, gefährlichere Lebewesen als Quallen prächtig gedeihen. Dazu gehören prähistorische Bakterien. Einige von ihnen sind – nachdem sie seit Millionen von Jahren verschwunden schienen – bereits in rund einem Dutzend Orten auf der Welt wieder aufgetreten. Es sind Bakterien, die vor 2,7 Milliarden Jahren schon mal großen Erfolg auf der Erde hatten. Heute plagen sie die Fischer, setzen sich in ihren Kehlen fest, erschweren ihnen das Atmen und verursachen Striemen auf ihrer Haut. Wer weiß, was andere Bakterien aus der Vergangenheit in einem Meer voller Quallen und bunter Planktonmassen anrichten könnten?

DIE TRAGÖDIE DER MEERE, DIE VON UNS AN LAND VERURSACHT WURDE, WÜRDE BALD AUCH AUF GENAU DIESES LAND ÜBERGREIFEN. SIND ERST EINMAL DIE SEEVÖGEL WEG, DANN STERBEN MIT DER ZEIT AUCH REPTILIEN, KRABBEN, INSEKTEN UND ECHSEN; ALL DIE TIERE, DIE EINST VOM ABFALL DER SEEVÖGEL LEBTEN.

Von diesen Tieren aber sind wiederum einige Süßwasserfischarten abhängig; also solche, die in Flüssen und Seen leben. Auch sie wären bedroht – und mit ihnen einige an Land lebende Säugetiere wie Bären, die sich von Fisch ernähren.

Diese Vorstellung mag ein bisschen angsteinflößend sein. Vielleicht deshalb, weil wir Menschen erst seit so kurzer Zeit in diesem Spiel namens Leben mitmachen. Die ersten Wesen unserer Gattung *Homo* tauchten – soweit wir das heute wissen – erst vor rund zweieinhalb Millionen Jahren auf. Im Vergleich zur Geschichte des Lebens ist das nur ein Wimpernschlag. Sind wir so robust wie die Quallen oder Kakerlaken? Oder sind wir zu empfindlich, um so große Veränderungen auf der Welt zu überstehen? Ganz ehrlich: Wahrscheinlich würden wir nicht zu den Überlebenden gehören.

DAS IST NATÜRLICH DER SCHLIMMSTE FALL, DER EINTRETEN KÖNNTE. DANN, WENN WIR ÜBERHAUPT NICHTS UNTERNEHMEN. DOCH ES IST GUT ZU WISSEN, WAS PASSIEREN WÜRDE. DENN NUR SO KÖNNEN WIR VERSUCHEN, ES ZU VERHINDERN. ABER WIE?

INDEM WIR UNSER VERHALTEN ÄNDERN!

UND WIR HABEN DIE CHANCE, DAS ZU TUN. JETZT. ABER BEVOR WIR ÜBERLEGEN, WAS WIR ÄNDERN MÜSSEN, SOLLTEN WIR VERSTEHEN, WIE WIR UNS UND DIE OZEANE ÜBERHAUPT IN DIESE LAGE GEBRACHT HABEN.

DIE GESCHICHTE VON NOAH UND AILA: ZWEITER TEIL

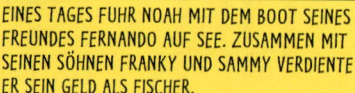

EINES TAGES FUHR NOAH MIT DEM BOOT SEINES FREUNDES FERNANDO AUF SEE. ZUSAMMEN MIT SEINEN SÖHNEN FRANKY UND SAMMY VERDIENTE ER SEIN GELD ALS FISCHER.

FERNANDO, DU SOLLTEST LIEBER MIT ANGELN FISCHEN STATT MIT NETZEN!

ABER ICH MUSS GELD VERDIENEN – ALSO MUSS ICH VIEL FANGEN!

WENN ERST MAL ALLE FISCHE AUSGEROTTET SIND, HILFT DIR DAS AUCH NICHT MEHR.

FRANKY UND SAMMY ZOGEN DIE NETZE HOCH. SOFORT STÜRZTEN EINIGE VÖGEL HERAB, UM IHNEN EIN PAAR FISCHE ZU KLAUEN.

MANN, SIND DAS VIELE VÖGEL HEUTE!

DU FÄNGST IHNEN HALT ZU VIELE FISCHE UNTER DEM SCHNABEL WEG.

FRANKY UND SAMMY WARFEN EINIGE TOTE FLUNDERN AUS DEN NETZEN GLEICH WIEDER ÜBER BORD. SIE HATTEN MEHR GEFANGEN, ALS SIE AN LAND BRINGEN DURFTEN, UND WOLLTEN AUF KEINEN FALL EINE STRAFE ZAHLEN.

SO EIN UNSINN! WAS HILFT ES DER NATUR, WENN ICH DIE TOTEN FISCHE WIEDER ÜBER BORD WERFE?

FERNANDO, IM OZEAN IST ALLES DURCHEINANDERGERATEN. WIR MÜSSEN WAS TUN!

STIMMT SCHON! ES GIBT IMMER WENIGER MÖWEN UND KABELJAU. ABER DAFÜR FANGEN WIR MEHR HERINGE UND SCHELLFISCHE ALS JE ZUVOR!

JA, ABER SO VERÄNDERT SICH DIE NAHRUNGSKETTE. FEHLT EIN GLIED, BRICHT SIE ZUSAMMEN.

DU MALST DOCH NUR DEN TEUFEL AN DIE WAND, NOAH.

BALD GING DIE SONNE UNTER. DIE JUNGS ZOGEN DIE NETZE EIN LETZTES MAL HOCH, UND ALLE FUHREN ZURÜCK ZUM HAFEN.

GLEICH SIND ALL DEINE SORGEN VERGESSEN. WENN ERST MAL EIN LECKERER HEILBUTT AUF DEINEM TELLER LIEGT ...

ALS SIE DIE KÜSTE ERREICHTEN, RIEF NOAH AILA ZU SICH, DIE GERADE AM STRAND KREBSE FING.

ESSENS-ZEIT!

BEIM ABENDESSEN ...

KEINE PANIK, NOAH. WIR FISCHER ACHTEN SCHON DARAUF, NICHT ZU VIELE FISCHE ZU FANGEN.

ICH WEISS NICHT. ICH HABE EIN KOMISCHES GEFÜHL DABEI. ICH SOLLTE ALLE WARNEN.

ACH, LASS UNS ERST MAL ESSEN.

PAPA, KANNST DU MEIN HEILBUTT-STEAK FÜR MICH SCHNEIDEN?

NA KLAR, MEINE KLEINE SARDINE!

FORTSETZUNG FOLGT ...

KAPITEL 2

WIE DIE MENSCHEN MIT DER FISCHEREI BEGANNEN

UND DARAUS EINE GANZE INDUSTRIE ENTSTAND

„Auch müssen wir nicht glauben, dass die zufällige Zerstörung eines Tieres von abweichender Färbung nur wenig Wirkung habe."
—Charles Darwin, ÜBER DIE ENTSTEHUNG DER ARTEN

ALLE ARTEN AUF UNSERER ERDE KÄMPFEN IMMERZU UMS ÜBERLEBEN. DABEI STEHEN SIE ANDAUERND MIT ANDEREN ARTEN IN VERBINDUNG, SIND FEIND ODER HELFER. DAS GILT AUCH FÜR UNS MENSCHEN. SO HABEN SEIT JEHER FISCHER, DIE TIERE AUS DEN OZEANEN FANGEN, EINEN GROSSEN EINFLUSS AUF DAS LEBEN IM WASSER.

ALS NOCH NICHT SO VIELE FISCHE und andere Tiere aus den Meeren geraubt wurden wie heute, waren die Veränderungen der Natur unter Wasser gering. Sie fielen gar nicht auf. Erst seit riesige Mengen Fisch gefangen werden, bemerken wir große Veränderungen in den Ozeanen.

Bevor die Menschen ihre eigene Geschichte auf Papier niederschreiben konnten, zeichneten sie ihre Erlebnisse oft auf die Wände von Höhlen. Die meisten dieser Zeichnungen erzählen von der Jagd auf Landtiere. Nur selten sieht man auf den Höhlenwänden einen gemalten Fisch. Trotzdem zeigen Funde fossiler Fischknochen und Angelhaken, dass auch unsere frühen Vorfahren schon gefischt haben.

Sie fertigten Angelleinen und Netze aus den kräftigen Fasern verschiedener Gemüsesorten an und schnitzten Haken aus Tierknochen. Manchmal nutzten unsere Vorfahren auch Speere, um Fische zu erlegen; eine besonders schwierige und anstrengende Art des Fischens, die viel Geschick erforderte.

Die Menschen mussten im Lauf der Jahre immer neue und bessere Methoden erfinden, um die Fische auszutricksen. Die Fischer, die den größten Fang machten, waren auch die besten und damit die reichsten. Bis vor 15 oder 20 Jahren taten sie alles, um möglichst viel zu fangen. Aber sie wussten auch, dass sie immer einen ausreichend großen Fischbestand einer Art in ihrem Fanggebiet erhalten mussten. Den Fischern war klar, dass die übrigen Fische sich andere Lebensräume suchen würden, wenn große Mengen ihrer Artgenossen verschwänden. Sie wollten also nicht zu viele Netze auswerfen, um die Fische nicht abzuschrecken. Und sie vermieden es, zu viele junge, kleine Fische zu fangen.

ANDERS ALS MENSCHEN UND ANDERE SÄUGETIERE WACHSEN FISCHE IHR LEBEN LANG WEITER. JE GRÖSSER EIN FISCH IST, DESTO MEHR EIER KANN ER ABLEGEN UND DESTO MEHR JUNGFISCHE KÖNNEN GEZEUGT WERDEN. DARUM IST ES SO WICHTIG, KLEINEN FISCHEN DIE CHANCE ZU GEBEN, GROSS UND ERWACHSEN ZU WERDEN. DAS WUSSTEN FISCHER SCHON VOR TAUSEND JAHREN.

Früher sorgten sich Fischer besonders um sogenannte Wanderfische. Solche Fische leben in den mittleren Tiefen der Meere – anders als Bodenfische, die auf oder ganz nah am Meeresboden leben. Der Hering ist so ein Wanderfisch. Im Mittelalter war er für die Menschen in Nordeuropa sehr wichtig. Damals konnte man Lebensmittel noch nicht im Kühlschrank frisch halten. Daher waren Fische, die man gut verwahren konnte, sehr wertvoll. Der Hering ließ sich in Salz pökeln, in Fässern lagern und gut verpackt sogar auf lange Reisen zu fernen Orten schicken, ohne dass er verdarb.

Ein Holzschnitt aus dem Buch *Ortus Sanitatis* aus dem Jahr 1491. Er zeigt einen Fischhändler, der Heringe ausnimmt. Neben ihm steht eins der Fässer, in denen die Heringe damals verpackt und verschifft wurden.

Ein Dorf konnte bis zu 20 Jahre in einem Gebiet große Mengen Heringe angeln. Doch ganz plötzlich verschwanden die Fische. Die Angelhaken blieben leer, und das Dorf versank in Armut. Was war mit dem Hering passiert?

Im Mittelalter glaubten viele Menschen, dass Gott die Heringe weggeschickt hatte, weil die Dorfbewohner ein sündiges Leben führten. Verlor ein Dorf seinen Heringsschwarm an der Küste, dann fiel es in Ungnade – bei Gott und den Nachbardörfern.

Andere betrachteten die Situation etwas „wissenschaftlicher". Sie fürchteten, dass Fischer weiter draußen auf dem Meer zu viele Netze ausgeworfen hatten. So konnten die Heringe gar nicht mehr bis zur Küste des Dorfes schwimmen.

ATLANTISCHER HERING
(Clupea harengus)
Der Hering gehört zu den
Fischen mit den größten
Populationen. Er ist
bekannt dafür, in riesigen
Schwärmen zu schwimmen,
manchmal sogar mit
mehreren Hunderttausend
Artgenossen.

Wahrscheinlich aber war das Verschwinden des Herings eine Veränderung in der Ordnung des Meereslebens. Schon Darwin stellte fest, dass Wanderungen in der Tierwelt eine große Bedeutung haben. Die Heringe, die ja in den mittleren Tiefen der Meere leben, könnten ihre Fischgründe verlassen haben. Möglicherweise gab es in der Nähe des Meeresbodens mittlerweile zu viele Fische, die sich vom Hering ernährten. Oder die Heringe schwammen weg, weil es nicht mehr genügend von ihren eigenen kleineren Beutefischen gab und sie nun woanders suchen mussten. Oder vielleicht gab es zu viele Seevögel, die die Heringe verscheuchten oder gleichzeitig noch andere Feinde der Heringe mitbrachten. Möglicherweise war es auch einfach eine Mischung aus alldem.

IM 19. JAHRHUNDERT spielten die Fischer zum ersten Mal eine große Rolle bei der Umgestaltung der Meere. Erst dann wurde ihre Arbeit zu einer echten Bedrohung für alles Leben unter Wasser. Die Fischer fingen nämlich an mit Motoren zu arbeiten – und die Probleme begannen.

Schon lange vorher, im Jahr 1698, ließ sich der englische Militäringenieur und Erfinder Thomas Savery die erste Dampfmaschine patentieren. Damit wollte er Wasser aus Kohlenminen pumpen. Seine Maschine bestand aus einem geschlossenen Behälter, der mit Wasser gefüllt war. In den Behälter wurde unter großem Druck Dampf eingefüllt.

Es war keine besonders kompliziert gebaute Maschine, aber Saverys Idee hat dennoch die Welt verändert. Ihm war klar: Wenn man Wasser erhitzt, entsteht Dampf. Und Dampf drückt immer nach außen. Darum hebt sich beim kochenden Nudelwasser der Topfdeckel leicht nach oben. Diesen Druck der Dampfmaschine konnte man dazu benutzen, etwas in eine Richtung zu bewegen. Zum Beispiel konnte man Wasser aus einer tiefen Mine nach oben befördern – oder ein Schiff vorantreiben.

Auf Schiffen wurden Dampfmaschinen allerdings erst ein Jahrhundert später eingesetzt – und auch dann erst mal noch nicht für die Fischerei.

DIE FISCHER IM NORDATLANTIK, EINEM DER ERGIEBIGSTEN FISCHGRÜNDE DIESER ZEIT, SAHEN KEINEN ANLASS, AUF MOTORANTRIEB UMZUSTEIGEN. MIT IHREN SEGELSCHIFFEN KONNTEN SIE AUSREICHEND FISCHE FANGEN – DENN NOCH GAB ES GENUG.

Die Fischerei mit Segelschiffen und Windkraft lief in weiten Teilen der Welt noch bis in die Mitte des 20. Jahrhunderts sehr gut. In armen Ländern der Erde hat sich das bis heute nicht geändert.

Im späten 19. Jahrhundert nutzten die Fischer der Nordsee erstmals technische Neuerungen.

Die Nordsee ist sehr fischreich. Darum sind ihre angrenzenden Länder wichtige Fischereinationen: Schottland, England, Frankreich, Belgien, die Niederlande, Dänemark, Schweden, Norwegen und Deutschland.

Schon immer herrschte ein großer Wettbewerb zwischen diesen Ländern um die Fische und Fanggebiete der Nordsee. Einige von ihnen sind deshalb sogar in den Krieg gezogen: Die Niederlande und England kämpften in den Englisch-Niederländischen Seekriegen im 17. Jahrhundert u. a. um den Nordseehering. Frankreich und England bekriegten sich im frühen 18. Jahrhundert wegen des Nordamerikanischen Kabeljaus.

Über Hunderte von Jahren hinweg konnten die Nordseeländer immer größere Fänge einfahren, ohne dass die Fischbestände in der See stark zurückgingen.

Im frühen 17. Jahrhundert besaßen allein die Niederländer 2 000 Schiffe in der Nordsee, nur um damit Heringe zu fangen. Davon waren ihre Konkurrenten, die Briten, nicht gerade begeistert. Und so verboten sie es ausländischen Fischern, innerhalb eines Streifens von 14 Seemeilen vor der britischen Küste zu fangen. (Das war die Distanz, die ein Seemann von der Spitze seines Mastes aus sehen konnte.)

SCHON LÄNGST WURDE nicht mehr nur mit Angeln und Haken gefischt. Bereits im 14. Jahrhundert hatten die Briten begonnen, mit
großen Schleppnetzen (sogenannten Baumkurren) zu fischen. So
ein Netz wird bis zum Meeresboden hinabgelassen. Vorne ist eine
dicke Stange angebracht, die das Netz offenhält, während es durchs
Wasser gezogen wird. Gleichzeitig wühlt sie den Meeresboden auf,
um die Tiere aufzuschrecken.

SCHLEPPNETZ

MEERESBODEN

ZEICHNUNG EINES SEGELSCHIFFS,
DAS EINE BAUMKURRE ZIEHT

Es waren die Fischer selbst, die als Erste die Gefahren solcher Schleppnetze
erkannten. Im Jahr 1376 baten sie das britische Parlament, solche Netze zu
verbieten, weil sie am Meeresboden wahllos große Mengen Fische einsammelten,
darunter auch viele Jungfische. Doch das Parlament stimmte ihnen nicht zu.
Dann, drei Jahrhunderte später, versuchten noch einmal schottische Fischer,
König Charles I. von einem Verbot zu überzeugen, um die Fischerei vor der
großen Zerstörung durch Schleppnetze zu schützen.

1874 wurde das Scherbrettnetz erfunden und wieder zuerst von den Briten genutzt. Anders als bei der Baumkurre hält nicht eine lange Stange das Netz offen und am Boden, sondern zwei Platten aus Holz oder Metall an jeder Seite des Netzes. Wird das Netz dann durchs Meer gezogen, sorgen Wasserdruck und das fahrende Schiff dafür, dass die Platten auseinanderdriften und sich das Netz öffnet. Gleichzeitig durchpflügen die Platten den Meeresboden und scheuchen die Tiere ins Netz.

All das funktioniert aber nur, wenn das Schiff eine gleichmäßige Geschwindigkeit halten kann. Dafür brauchten die Fischer damals eine zuverlässigere Energiequelle als Wind und Segel: die Dampfkraft. 1876 verwendeten Fischer erstmals eine dampfbetriebene Winde, die das Netz abließ und hochzog. Bald darauf nutzte das erste Segelschiff für den Antrieb zusätzlich zum Wind auch eine Dampfmaschine. Doch auch die reichte noch nicht aus, um die Netze richtig gut durchs Meer und besonders durch tiefe Regionen zu ziehen.

Das Problem war, dass die Segelschiffe oft nicht genug Kraft hatten für diese Schleppnetze. Waren sie zu riesig und die Masse der darin gefangenen Fische zu schwer, konnten sie nicht wieder hochgezogen werden. Also mussten die Fischer kleinere Netze verwenden.

Aber ob klein oder groß: Schleppnetze ins Wasser zu lassen und alles einzusammeln, das hineinschwamm, war wesentlich effektiver, als viele einzelne Angelleinen auszuwerfen. Die Fischer brauchten keine Köder mehr und konnten sicher sein, dass etwas ins Netz geht. Schon 1774 war die Schleppnetzfischerei eine der wichtigsten Fangtechniken in der Nordsee geworden.

MITTE DES 19. JAHRHUNDERTS kamen neue Ideen auf, um die Qualität der Fische für den Verkauf zu verbessern und sie schneller und frischer zum Markt zu bringen. Eine dieser Ideen waren Bünnschiffe. Die hatten in ihrem Rumpf einen Tank voller Meerwasser, in dem die gefangenen Fische lebend bis zum Hafen gebracht werden konnten. Dadurch konnten die Fischer auch länger auf See bleiben, ohne sich Sorgen um verdorbene Ware machen zu müssen.

Als in England die Qualität der Marktfische besser wurde, stieg auch die Nachfrage nach frischem Fisch, besonders in der Hauptstadt London.

1848 hielt im Hafen der englischen Stadt Grimsby, an der Mündung des Flusses Humber, ein großer technischer Fortschritt Einzug: eine Eisenbahnverbindung direkt nach London. Grimsby hatte einen großen Hafen, in dem auch viel Eis aus dem nicht weit entfernten Norwegen gelagert werden konnte. Eis war natürlich sehr wichtig, um den Fisch auch auf langen Wegen zum Markt frisch halten zu können. Und so wurde der Hafen von Grimsby für die Menschen in London der bedeutendste Herkunftshafen für guten, frischen Fisch.

Einige Zeit später, im Jahr 1881, startete in Grimsby die *Zodiac*. Sie war das erste Schiff, das Schleppnetze allein mithilfe von Dampfkraft ziehen konnte.

DIE ERSTE LOKOMOTIVE FÄHRT DURCH DEN HAFEN VON GRIMSBY
(Zeichnung aus der London News Print Library Collection, 1848)

Netze mithilfe von Motor- statt Windkraft ziehen zu können, war ein großer Segen für die Fischer. Besonders weil sie nun die Bahnlinie von Grimsby nach London nutzen konnten, um den Fisch schnell in die Hauptstadt bringen zu können. Viel zu fangen lohnte sich mehr denn je. Schnell organisierte man ein richtiges System für die Eisenbahn und den Hafen: Die Boote blieben bis zu zehn Wochen am Stück auf See, um zu fischen. Dort wurden ihre Fänge regelmäßig von Kurierbooten ihrer Flotte abgeholt und schnell an Land gebracht. Dieses System wurde bis vor etwas mehr als 100 Jahren, bis 1901, beibehalten.

Der südliche Teil der Nordsee ist ein sehr seichtes, flaches Gewässer. Darum war es früher auch so fischreich und beliebt bei den Fischern. Besonders erfolgreich waren die Fischer in der Doggerbank, einer Sandbank. In diesem Gebiet liegt die Wassertiefe nur rund 13 Meter unter dem Meeresspiegel. Hier wimmelte es von Fischen.

Auch wenn es dampfgetriebene Schiffe damals schon seit fast 80 Jahren gab und sie sich für Fischer als sehr gute Lösung erwiesen, blieben dennoch die meisten von ihnen bis in die 1870er Jahre bei der Windkraft und ihren Segeln. Doch in den folgenden zehn Jahren passierten vier Dinge:

1. DAMPFMOTOREN WURDEN IMMER STÄRKER UND WAREN BALD IN DER LAGE, NETZE DURCH VIERMAL SO TIEFE GEWÄSSER ZU ZIEHEN WIE WINDGETRIEBENE SCHIFFE.

2. SO KONNTEN SICH DIE FISCHER GANZ NEUE FANGGEBIETE FÜR IHRE SCHLEPPNETZE ERSCHLIESSEN. DAZU GEHÖRTEN AUCH DER TIEFERE, NÖRDLICHE TEIL DER NORDSEE UND DIE GEWÄSSER RUND UM ISLAND.

3. GROSSBRITANNIEN WURDE DIE GRÖSSTE FISCHEREINATION DER WELT, ZUMINDEST IN BEZUG AUF DIE MENGE DER AN LAND GEBRACHTEN FISCHE.

4. DIE FISCHBESTÄNDE DER NORDSEE WURDEN ERSTMALS KLEINER.

DOCH DIE FÄNGE WAREN TROTZDEM NOCH SO GUT, DASS DIE FISCHER SICH KEINE GROSSEN SORGEN ÜBER DIE ZURÜCKGEHENDEN FISCHZAHLEN IN IHREN GEBIETEN MACHTEN. SIE ZOGEN EINFACH ZU ANDEREN FANGGRÜNDEN WEITER.

Mit den modernen Booten konnten sie auch in Regionen fischen, in denen ihre früheren Segelschiffe versagt hätten. So waren die Fischer weniger abhängig von ihren immer dünner besiedelten Fanggebieten. Sie konnten sich jeden Flecken der Meere erschließen.

Das führte zu bedeutenden Veränderungen: Nach zehn Jahren der Schleppnetzfischerei gingen immer weniger Fische ins Netz. Wissenschaftler waren langsam beunruhigt. Seit den späten 1870er Jahren traf sich in England immer wieder eine Kommission, die einschätzen sollte, wie stark Schleppnetze die Meere zerstören. Doch während noch beraten wurde, stieg die Zahl solcher Schlepper, ihre Größe und die ihrer Netze immer weiter.

In den 1890er Jahren wurde auch in den USA das erste Schleppnetzboot zu Wasser gelassen. In Gloucester, Massachusetts, dem ältesten Fischereihafen der USA, fuhren die Fischer vorher mit einem selbst entwickelten Segelschiff zur See, dem sogenannten Schooner.

Doch die Fischer dort fürchteten die verheerenden Folgen, die Schleppnetzkutter für die Meere mit sich brachten. 1911 schlossen sich die Fischer aus Massachusetts mit vielen anderen zusammen und forderten vom Kongress, ihrem Parlament, ein Verbot von Schleppnetzkuttern.

Doch die Regierung reagierte nicht darauf, obwohl die Katastrophe, die den Meeren in den folgenden hundert Jahren zustieß, schon 1911 vorhersehbar war.

In einem Artikel in der Zeitung *Gloucester Daily Times* hieß es damals: Die Fischer in Gloucester und anderen Häfen Neuenglands hätten das Gefühl, dass „etwas getan werden muss" und dass

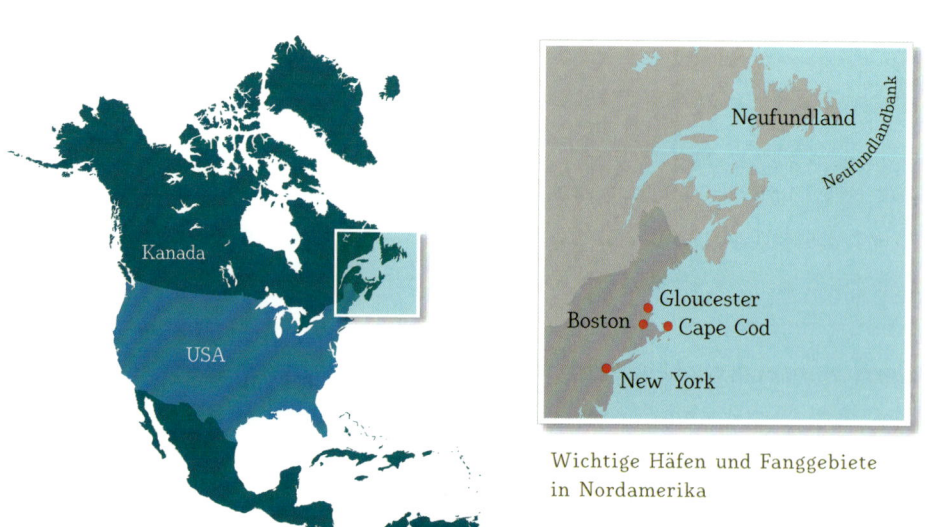

Wichtige Häfen und Fanggebiete in Nordamerika

„die Nutzung solcher Schleppnetzschiffe, die über die Fischgründe schaben und unzählige junge, nicht erwachsene Fische töten, die größte Gefahr für die Zukunft der Fischerei sind, die größte Gefahr, die der Fischerei an dieser Küste je begegnet ist."

„DIE GRÖSSTE GEFAHR."
SCHON VOR ÜBER EINEM JAHRHUNDERT WAR SIE DEN MENSCHEN BEKANNT.
DIE FISCHER VON GLOUCESTER MUSSTEN NUR EINEN BLICK NACH EUROPA UND BESONDERS AUF GROSSBRITANNIEN UND DIE SINKENDEN FISCHZAHLEN DER NORDSEE WERFEN, UM IHRE EIGENE ZUKUNFT ZU SEHEN.

Laut des Zeitungsartikels fingen die Schleppnetzkutter in der Nordsee 14 000 Mal mehr Fische als zuvor die Segelschiffe. Die Zeitung schrieb, die „verschwenderische Vernichtung junger Fische" sei eines der größten Probleme, das jedoch „nicht verhindert werden könne. Weder dadurch, dass man die Maschen der Netze verkleinert, noch dadurch, dass man die jungen Fische später ins Meer zurückwirft."

Daraus schloss der Autor des Artikels, dass es „die einzig mögliche Lösung wäre, einige Fanggründe zu schließen oder es zu verbieten, Fische an Land zu bringen". So hätten die Fischer gar keinen Grund mehr gehabt, zu viel zu fangen. Das ist eine Idee, über die Aufsichtsbehörden in den USA und Europa tatsächlich konkret erst seit einer Weile nachdenken.

Der Zeitungsartikel sagte schon damals voraus, dass vor der Küste Neuenglands das Gleiche geschehen werde wie in der Nordsee, wenn die Schleppnetze nicht schnell verboten würden. Dort wurden die Besitzer solcher Schlepper und die Geschäftsmänner, die von ihren Fängen lebten, schnell so reich und mächtig, dass sie irgendwann nicht mehr aufzuhalten waren.

IM 20. JAHRHUNDERT wurde die Dampfkraft aufgegeben. Die Schiffe wurden nun von Benzin und Diesel angetrieben.

Im Zweiten Weltkrieg dann brachte die U-Boot-Technik ganz neue Ideen für die Fischerei auf. Wo Marineschiffe im Krieg feindliche U-Boote jagten, jagten später Fischer mit den gleichen Methoden ihre Beute.

Sie schickten kleine Flugzeuge los, die aus der Luft nach riesigen Fischschwärmen in der Nähe der Oberfläche suchten. Oder sie fahndeten mit Sonar nach den Fischen. Ein Sonar schickt Geräusche durchs Wasser, die sich dort ausbreiten und zurückprallen, wenn sie auf etwas Festes wie einen Fisch treffen.

Auch die Netze wurden verbessert. Frühere Netze konnte man nicht direkt über den Meeresboden ziehen. Sie wären von Steinen und Felsen aufgerissen worden – ein herber Verlust für die Fischer. Erst während des Zweiten Weltkriegs wurde Plastik erfunden, so wie wir es heute kennen. Mithilfe starker und vor allem günstiger Plastikstränge konnten man stabile Netze weben.

Und da sie billig waren, konnten die Fischer es auch mal riskieren, sie direkt über den Meeresboden zu ziehen und kaputtzumachen.

Es gab auch andere neue Ideen und Erfindungen: wie zum Beispiel eine Kette am unteren Teil des Netzes, die sich bewegte und dadurch Fische ins Netz trieb. Oder auch Gummirollen am Netz, die über und zwischen Steinen hüpfen konnten, um auch dort den Meeresboden besser aufpflügen zu können. Das gab Fischern die Möglichkeit, auch in felsigen Gebieten ihre Netze bis zum Grund auszuwerfen.

DIE FISCHER KONNTEN IHRE BEUTE JETZT AUCH JAGEN, WENN SIE SICH ZWISCHEN STEINEN VERSTECKTE. ES GAB KEIN ENTKOMMEN MEHR FÜR SIE. UND MIT DEN NEUEN SPRITGETRIEBENEN MOTOREN GING ES SCHNELLER ALS JE ZUVOR, DEN MEERESBODEN AUFZUREISSEN UND DAMIT DEN LEBENSRAUM OZEAN FÜR IMMER ZU VERÄNDERN.

DIE GESCHICHTE VON NOAH UND AILA: DRITTER TEIL

NOAH
AILA

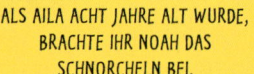

ALS AILA ACHT JAHRE ALT WURDE, BRACHTE IHR NOAH DAS SCHNORCHELN BEI.

DU WIRST STAUNEN, WENN DU ALL DIE BUNTEN FISCHE IN DEN KORALLENRIFFEN SIEHST!

NOAH ERKLÄRTE AILA ALLES ÜBER DIE VERSCHIEDENEN FISCHE.

PAPA, ICH HABE EINEN KÖNIGIN-ENGELFISCH GESEHEN!

BIST DU DIR SICHER?

JA KLAR! ER WAR LEUCHTEND BLAU, MIT EINEM GELBEN SCHWANZ.

ZURÜCK AN LAND ENTDECKTE NOAH EINEN FISCHER, DER AM STRAND SEINEN FANG VERKAUFTE.

LASS UNS MAL SCHAUEN, WAS ER IM ANGEBOT HAT.

ALS SIE NÄHER KAMEN, WUNDERTE SICH NOAH.

WARUM VERKAUFEN SIE PAPAGEIFISCHE? DIE ISST DOCH KEINER.

JETZT SCHON.

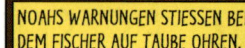

DER FISCHER ERKLÄRTE DAS PROBLEM.

ALLE ANDEREN FISCHE SIND WEG. DAS HIER IST ALLES, WAS WIR NOCH FANGEN.

ABER DIE PAPAGEIFISCHE FRESSEN ALGEN. WENN IHR SIE AUCH NOCH AUS-ROTTET, IST DER STRAND BALD EIN EINZIGER ALGENTEPPICH.

HEY, GANZ RUHIG. EIN PAAR ALGEN STÖREN DOCH NIEMANDEN.

SIE VERSTEHEN DAS NICHT. DIE ALGEN WERDEN DAS RIFF VERSTOPFEN!

NOAHS WARNUNGEN STIESSEN BEI DEM FISCHER AUF TAUBE OHREN.

ACH, SIE REDEN WIE EIN REICHER MANN. WIE SOLL ICH DENN GELD VERDIENEN, WENN ICH NICHTS MEHR FANGEN DARF?

FORTSETZUNG FOLGT ...

KAPITEL 3

DIE TRAURIGE, ABSCHRECKENDE GESCHICHTE DES GRANAT-BARSCHS

„Die für eine jede Art vorhandene Nahrungsmenge bestimmt die äußerste Grenze, bis zu welcher sie sich vermehren kann."
—Charles Darwin, ÜBER DIE ENTSTEHUNG DER ARTEN

EIN BLICK AUF EINE WELTKARTE ODER EINEN GLOBUS ZEIGT: ZWEI DRITTEL DER ERDE SIND VON OZEANEN BEDECKT. MAN KÖNNTE GLAUBEN, DASS DARIN BEINAHE UNENDLICH VIELE FISCHE LEBEN. LANGE ZEIT DACHTEN DIE MEISTEN MENSCHEN GENAU DAS. UND LAGEN DAMIT LEIDER FALSCH.

DAS MEER, DAS DIE FISCHER FRÜHER KANNTEN, war voller Fische. Das lag daran, dass die Männer nie weit von der Küste entfernt auf die Jagd gingen.

Das Leben in den Ozeanen hängt vom Sonnenlicht ab. Nur dort, wo viel Sonnenlicht das Wasser durchflutet – so wie in den flachen, küstennahen Gebieten –, wachsen ausreichend pflanzliche Nährstoffe heran. Sie sind die Basis des Lebens in den Meeren.

Ein wichtiger Nährstoff ist zum Beispiel Nitrat. Es hilft bei der Bildung von Plankton. Das sind winzig kleine Pflanzen und Tiere in den Meeren, die oft aus nur einer einzigen Zelle bestehen. Sie scheinen in riesigen Mengen durchs Wasser zu schweben.

Die kleinen Pflanzen nennt man auch Phytoplankton. Die Tiere wie Krebse oder Quallen heißen Zooplankton.

Phytoplankton ist so klein, dass wir es nur unter dem Mikroskop erkennen können. Genau wie die Blätter der meisten Landpflanzen enthält es den Stoff Chlorophyll. Er fängt die Energie der Sonnenstrahlen auf und färbt die Blätter von Bäumen und auch die Zellen des Planktons grün. Mithilfe dieser Energie, Wasser und Kohlendioxid stellt die Pflanze Zucker her, von dem sie sich ernährt. Gleichzeitig gibt sie Sauerstoff ans Wasser oder an die Luft ab. Diesen Prozess nennt man Photosynthese.

Möglicherweise konnten pflanzenartige Zellen schon vor rund 3,5 Milliarden Jahren Photosynthese betreiben. Damals war die Erde noch ein sehr ungemütlicher Ort voller Gase. Nur wenige einzellige Lebewesen konnten überhaupt existieren.

Phytoplankton findet man also immer dort, wo Sonnenlicht ins Wasser fällt. Es steht ganz unten in der Nahrungskette und wird von vielen anderen Meeresbewohnern gefressen, die höher in der Kette stehen. Kein Wunder, dass sie gern in der Nähe des Planktons leben.

Neben Zoo- und Phytoplankton gibt es noch das mixotrophe Plankton. Das sind Organismen, die sowohl Photosynthese betreiben als auch andere Nahrung aufnehmen können. Bei uns an Land ist die Venusfliegenfalle ein bekanntes Beispiel für ein mixotrophes Lebewesen. Diese fleischfressende Pflanze fängt und verdaut Insekten – etwas, das eigentlich nur Tiere machen. Trotzdem kann die Pflanze aber auch die Photosynthese nutzen.

Sogar das etwas größere Zooplankton ernährt sich vom Phytoplankton. Zum Zooplankton gehören sowohl Tiere, die mit dem bloßen Auge nicht zu sehen sind, als auch große Quallen.

Viele Tiere werden während ihres kleinen Larvenstadiums noch zum Zooplankton gezählt. Aus ihnen werden später größere Würmer, Schnecken, Krebstiere oder Korallen.

Immer klein bleiben hingegen die winzigen Krebse des Zooplanktons, die man auch Krill nennt. Der Krill ernährt sich auch vom Phytoplankton. Für die meisten Menschen sind die winzigen Krabben sehr uninteressant. Nur in einigen Ländern steht Krill auf der Speisekarte der Menschen. Das ist auch gut so, denn in den Meeren selbst gibt es schon genug Lebewesen, die Krill fressen und davon abhängig sind: Heringe zum Beispiel essen Krill, genau wie riesige Buckelwale. Sie brauchen auf ihrer Nahrungssuche nicht noch Konkurrenz von uns.

DER BUCKELWAL IST MIT BIS ZU ETWA 15 METERN EINES DER GRÖSSTEN SÄUGETIERE DER ERDE – UND DENNOCH ERNÄHRT ER SICH VON EINEM DER WINZIGSTEN LEBEWESEN DER WELT: KRILL. NATÜRLICH FRISST ER RIESIGE MENGEN DAVON.

MANCHE FISCHE LEBEN NAHE AM MEERESGRUND. Sie können entweder aufsteigen, um kleinere Fische zu fressen, oder herabsinken, um Schalentiere vom Boden zu sammeln. Solche Fische sind langsame, ruhige Jäger, die ihre Heimatgewässer nie wirklich verlassen. Der Mensch schätzt sie wegen ihres weißen Fleischs:

KABELJAU, SCHELLFISCH, FLUNDER UND HEILBUTT SIND DIE BELIEBTESTEN SPEISEFISCHE UND ERZIELEN DIE HÖCHSTEN PREISE.

Andere Fische leben in den mittleren Tiefen der Meere, nie zu weit von der Oberfläche entfernt. Das sind zum Beispiel Sardinen, Sardellen, Heringe, Makrelen und auch einige große Arten wie Thunfische. Sie sind schnelle, kräftige Schwimmer, die weite Strecken zurücklegen können. Darum sind ihre Muskeln und ihr Fleisch etwas dunkler und öliger – sie sind auf dem Markt nicht so viel wert wie Fische mit weißem Fleisch. Doch ihr Fang kann sich für einen Fischer trotzdem lohnen – wenn nur genug davon in seinem Netz landen.

Aber die Fischer sind nicht die einzigen Feinde von Sardinen und Co. Die kleineren von ihnen werden auch gern von den am Grund lebenden Fischen mit weißem Fleisch wie Kabeljau gefressen. Auf der Flucht vor ihnen schwimmen die kleinen Fische weiter nach oben – und landen dort in den Schnäbeln herabstürzender Seevögel. Feinde lauern von allen Seiten. Und das ist auch gut so.

Denn Darwin hatte recht. In einem gesunden Ökosystem ist es wichtig, dass die Arten um ihr Überleben kämpfen müssen. Und dass immer wieder Leben vernichtet wird, um das Gleichgewicht zwischen den Arten aufrechtzuerhalten. Auch die Fischer spielen bei dieser Vernichtung eine Rolle. 90 Prozent ihrer Fänge erbeuten sie innerhalb der ersten 300 Kilometer vor der Küste – und greifen dort in das Leben der Meere ein.

In Nordamerika hat die Fischereiindustrie ihre Ursprünge im 17. Jahrhundert an der Atlantikküste. Dort liegt die Neufundlandbank, eine ganze Reihe von Unterwassersandbänken, die von Neufundland bis Neuengland reicht. Das Wasser dort ist seicht und nährstoffreich – und so tummelten sich dort viele Bodenfische wie Kabeljau und Heilbutt. In Gloucester, Massachusetts, und St. John's, Neufundland, wurden extra Häfen eingerichtet. Und auch die Großstadt Boston an der Ostküste der USA wurde ein wichtiger Hafen. Hier machten die Fischer ihre Kabeljaufänge mithilfe von Salz haltbar und verkauften sie. Um vom Hafen aus die am weitesten entfernten Sandbänke zu erreichen, mussten die Fischer mit ihren Schiffen bis zu 560 Kilometer zurücklegen.

ABER NATÜRLICH GIBT ES WEITER DRAUSSEN IM MEER EBENSO VIEL LEBEN UND EBENSO VIELE FISCHE. DOCH SIE LEBEN OFT IN GROSSEN TIEFEN UND SIND ENTWEDER BISHER NICHT ERFORSCHT ODER NOCH GAR NICHT ENTDECKT WORDEN. ERST SEIT EINIGER ZEIT SIND DIE MENSCHEN ÜBERHAUPT IN DER LAGE, IN TAUSENDE METER WASSERTIEFE VORZUDRINGEN.

Die meisten Versuche, Fische aus küstenfernen Gebieten in großen Mengen zu fangen und zu vermarkten, sind schnell fehlgeschlagen. Wir wissen einfach zu wenig darüber, wie das Leben in diesen Tiefen und Entfernungen überhaupt funktioniert.

EIN GUTES UND ZUGLEICH TRAURIGES
BEISPIEL DAFÜR IST DER
GRANATBARSCH.

GRANATBARSCH
(Hoplostethus atlanticus)

Während seines Lebens ist der Granatbarsch rot. Doch nach seinem Tod wird er orange. Darum nennt man ihn im Englischen auch den *Orange Roughy*. Dass man ihn nach seiner Todesfärbung benannt hat, liegt wohl daran, dass er selten lebend gesehen wurde. Der Granatbarsch gehört zu den Tiefwasserfischen und zur Familie der Schleimköpfe. Entdeckt wurde er zum ersten Mal im westlichen Pazifik. Dort lebt er in sehr kaltem Wasser bis zu 1500 Meter unter der Oberfläche.

Fischer konnten erst in den 1970er Jahren weit genug auf See fahren und ihre Netze tief genug auswerfen, um den Granatbarsch zu fangen. Und in kürzester Zeit wurde der Granatbarsch in Australien, den USA und vielen anderen Ländern ein beliebter Speisefisch. Rund 20 Jahre lang war er ein echter Trendfisch und wird auch heute noch unter anderem in einigen deutschen Supermärkten verkauft.

NIEMAND VERSTAND, DASS DIESER FISCH GANZ ANDERS WAR ALS ALL DIE ANDEREN, DIE MAN SCHON KANNTE.

Zum einen vermuten viele Wissenschaftler heute, dass der Granatbarsch bis zu 150 Jahre alt werden kann – etwa fünf Mal älter als die meisten bekannten Fischarten. Über sein wahres Alter wird noch immer gestritten. Manche meinen, er könne sogar noch älter werden. Das Problem dabei: Langlebige Fische wachsen nur sehr langsam. Der Granatbarsch wird erst mit 20 Jahren geschlechtsreif und kann dann Nachwuchs zeugen. Andere Fischarten gelten mit 20 schon als sehr alt. Das bedeutet, dass viele Granatbarsche, die gefangen werden, zwar schon sehr erwachsen aussehen, aber noch nicht in der Lage waren, sich zu vermehren.

DAS MASSENHAFTE TÖTEN VON FISCHEN, DIE SICH NOCH NICHT FORTPFLANZEN KONNTEN, WIRD MIT DER ZEIT IHRE GANZE ART AUSROTTEN. UND GENAU DAS IST MIT DEN GRANATBARSCH-BESTÄNDEN IN NEUSEELAND UND AUSTRALIEN PASSIERT.

Dort wurde der Granatbarsch einst entdeckt. Doch schon zehn Jahre später war die Zahl der Tiere dort um 90 Prozent gesunken. Also zogen die Fischer weiter und fanden zusätzliche Bestände im Atlantischen Ozean in der Nähe von Südafrika und weiter im Norden zwischen Marokko und Island. Doch wie schon in den australischen Gewässern gab es schnell Anzeichen dafür, dass die Zahl der Fische sank.

DIE TRAURIGE GESCHICHTE DES GRANATBARSCHS, DER DANK SEINER ENTDECKUNG DURCH DEN MENSCHEN INNERHALB KÜRZESTER ZEIT ZU EINEM DER AM STÄRKSTEN BEDROHTEN FISCHE DER WELT WURDE, SOLLTE UNS EINE LEHRE SEIN.

Wer weiß schon, was die Fischer in den unerforschten Meerestiefen mit ihren Netzen alles anrichten? Wahrscheinlich schaden oder zerstören wir Arten, die wir noch nicht einmal entdeckt haben – und wohl auch nie mehr kennenlernen werden.

NOAH

AILA

NOAH WURDE IN EINE FERNSEHSENDUNG EINGELADEN, UM ÜBER DIE ZUKUNFT DER WELTMEERE ZU SPRECHEN.

SCHÖN, DASS SIE HIER SIND, PROFESSOR.

DANKE FÜR DIE EINLADUNG, PHIL.

ENDLICH WÜRDE ER DIE CHANCE BEKOMMEN, DER WELT ZU ERZÄHLEN, WAS IN DEN OZEANEN VOR SICH GING ...

PROFESSOR, SIND IHRE VORHERSAGEN NICHT ETWAS ÜBERTRIEBEN?

GANZ UND GAR NICHT.

IN 50 JAHREN WIRD ES ALSO KEIN LEBEN MEHR IN DEN OZEANEN GEBEN?

DAS HABE ICH SO NICHT GESAGT. DAS LEBEN IM MEER KÖNNTE SICH IN 50 JAHREN STARK VERÄNDERT HABEN, WENN WIR EINFACH SO WEITERMACHEN WIE BISHER.

ABER ES IST NICHT ZU SPÄT. NOCH KÖNNEN WIR ETWAS ÄNDERN.

AUCH EIN ANDERER EXPERTE KAM IN DER SENDUNG ZU WORT.

DR. KESSEL, SIE ARBEITEN FÜR DAS FISCHEREI-MANAGEMENT DER REGIERUNG. GEBEN SIE DEM PROFESSOR RECHT?

ABSOLUT. DARUM HABEN WIR UNS EINEN NEUEN PLAN AUSGEDACHT.

WIR TUN JETZT MEHR DENN JE, UM DIE FISCHE IN DEN MEEREN ZU SCHÜTZEN.

ABER DAS IST IMMER NOCH NICHT GENUG.

WIR SIND NUN MAL EINE REGIERUNGSBEHÖRDE. WIR KÖNNEN NICHT EINFACH TUN, WAS WIR WOLLEN. INNERHALB UNSERER MÖGLICHKEITEN

IST UNSER PLAN SEHR GUT.

50 JAHRE ALSO, PROFESSOR? MEHR ZEIT HABEN WIR NICHT?

GANZ GENAU KÖNNEN WIR DAS NATÜRLICH NICHT WISSEN. ABER WAS WIR WISSEN, IST: WENN ERST MAL EINIGE WICHTIGE FISCHARTEN VERSCHWUNDEN SIND, DANN LÖST DAS EINE KETTENREAKTION AUS, UND IN WINDESEILE SIND UNSERE OZEANE NICHT MEHR DAS, WAS SIE MAL WAREN.

HATTEN SIE NICHT GESAGT, DASS DER ATLANTISCHE SCHELL-FISCH BIS 2004 VERSCHWUNDEN SEIN WÜRDE?

NEIN! ICH HABE GESAGT, DASS ER BEREITS AB 2004 VERSCHWINDEN KÖNNTE, WENN WIR NICHTS ÄNDERN.

ABER DAS IST JA AUCH NICHT PASSIERT.

ES IST **NOCH** NICHT PASSIERT. DAS IST WAS VÖLLIG ANDERES.

LEIDER WAR'S DAS SCHON FÜR HEUTE. VIELEN DANK AN SIE BEIDE FÜRS KOMMEN.

SIE HÖREN MIR GAR NICHT RICHTIG ZU!

FORTSETZUNG FOLGT ...

DAS MÄRCHEN VON DER FÜLLE DER NATUR

– UND WIE DIE WISSENSCHAFT JAHRELANG UNRECHT HATTE

„Aber wesentliche Wichtigkeit erlangt eine große Zahl von Eiern oder Samen der Größe der Zerstörung gegenüber, welche zu irgendeiner Lebenszeit erfolgt, und diese Zeit des Lebens ist in der großen Mehrheit der Fälle eine sehr frühe."
—Charles Darwin, ÜBER DIE ENTSTEHUNG DER ARTEN

WISSENSCHAFTLER UND FISCHER SIND SICH OFT UNEINIG. DIE FISCHER GLAUBEN, DASS SIE DEN AUSSAGEN DER FORSCHER NICHT TRAUEN KÖNNEN. SCHLIESSLICH VERBRINGEN DIESE LÄNGST NICHT SO VIEL ZEIT AUF HOHER SEE WIE SIE SELBST. DIE WISSENSCHAFTLER WIEDERUM GLAUBEN DEN FISCHERN NICHT. DENN DIE HABEN NICHT SO VIEL ZEIT AN SCHULEN UND UNIS VERBRACHT WIE SIE. DIE WAHRHEIT IST: MANCHMAL HABEN DIE WISSEN- SCHAFTLER UNRECHT, MANCHMAL ABER AUCH DIE FISCHER.

ZU BEGINN DES 19. JAHRHUNDERTS war die Erforschung der Meere und ihrer Bewohner ein sehr neuer Bereich der Wissenschaft. Die Fischer ahnten und fürchteten zu dieser Zeit schon, dass ganze Populationen durch Überfischung vernichtet werden könnten – besonders, wenn viele kleine und junge Fische gefangen würden. Doch viele Wissenschaftler glaubten noch, dass es völlig unmöglich sei, Fische auszurotten, weil sie Unmengen von Eiern legen.

Eines der hartnäckigsten Missverständnisse in der Geschichte der Menschheit ist, dass die reiche Fülle der Natur, die schiere Menge an Arten, Lebewesen und Ökosystemen unzerstörbar ist.

Menschen, die die Natur mithilfe ihrer Religion erklären, argumentieren, dass kein Mensch die Macht besitzt, Gottes Schöpfung zu vernichten. Selbst viele von denen, die Darwins Evolutionstheorie folgen, nehmen an, dass die Natur so komplex ist, dass eine einzelne Art wie der *Homo sapiens* kaum darin eingreifen kann. Darwin selbst aber wusste es besser. Für ihn ging es in der Natur immer um das Überleben und die Vernichtung von Leben. Und die Menschen waren für ihn ganz klar ein Teil dieses Prozesses.

Von Fischen nahm man lange an, dass sie besonders unzerstörbar sind, weil sie so viele Eier produzieren. Die meisten weiblichen Fische legen ihre Eier übrigens außerhalb ihres Körpers ab. Bei einigen Arten entwickeln sich die Eier aber auch im Körper des Fisches zu Jungtieren.

Arten wie der Kabeljau, auf die die Fischer es besonders abgesehen hatten und haben, produzieren große Massen an Eier. Schon ein Kabeljau-Weibchen von einem Meter Länge kann bis zu drei Millionen Eier legen. Je älter und größer ein Fisch wird, desto mehr Eier kann er produzieren. Ist ein weiblicher Kabeljau erst einmal 1,30 Meter lang, kann er schon neun Millionen Eier ablegen. Diese großen Zahlen führten zu einem ebenso großen Irrtum.

Im 17. Jahrhundert unternahm der niederländische Naturforscher Anton van Leeuwenhoek einen Versuch. Er zählte die Eier eines einzigen durchschnittlichen Kabeljaus und kam auf 9 384 000 Stück.

Etwa 150 Jahre später versuchten die Autoren der *Enzyklopädie des Handels und der gewerblichen Schifffahrt* Leeuwenhoeks Ergebnis zu bestätigen. Sie befanden: Die Anzahl der Eier ist „eine Ziffer, die alle Bemühungen des Menschen, sie auszurotten, zunichtemachen wird". Und der berühmte französische Romanautor Alexandre Dumas schrieb in seinem sehr fehlerhaften *Wörterbuch der Kochkunst*, das 1873 – nach seinem Tod – veröffentlich wurde: „Es ist berechnet worden, dass wenn nichts das Brüten der Eier verhindert und alle Eier bis zum Ende reifen, es nur drei Jahre dauern würde, das Meer so mit Kabeljau anzufüllen, dass man trockenen Fußes den Atlantik über die Rücken der Kabeljaue laufend überqueren könnte."

Die Botschaft der Wissenschaftler war eindeutig. Im späten 19. Jahrhundert, als dank der Motorkraft immer mehr Tiere gefangen werden konnten und die Fischer sich langsam Sorgen machten, dass die modernen Boote zu viel Beute einholten, erzählten ihnen die Wissenschaftler, dass sie immer weitermachen und immer mehr fischen könnten. Dass es unmöglich sei, einen Fischbestand zu vernichten.

Darwin widerlegte diese Theorie. Er erklärte, dass die Natur selbst dafür sorge, eine Überbevölkerung der Ökosysteme zu verhindern. Würden zum Beispiel alle Kabeljau-Eier heranreifen und aus ihnen Jungfische schlüpfen, dann wäre das Meer bald voller Kabeljau. Es gäbe für sie alle zu wenig Futter, und viele würden schnell wieder sterben. Aber so weit lässt die Natur es gar nicht erst kommen. Sie hat die Fische mit so vielen Eiern ausgestattet, weil diese es unglaublich schwer haben, auch nur die ersten Minuten außerhalb des Körpers ihrer Mutter zu überleben. Auf ihren Ablageplätzen sind sie der Natur schutzlos ausgeliefert. Bei stürmischem Seegang werden sie davongetrieben oder einfach gegessen, entweder von anderen Meeresbewohnern oder auch von Menschen. Bei uns gelten Fischeier, auch bekannt als Kaviar, als Delikatesse.

Säugetiere haben im Durchschnitt jedes Mal ein bis sechs Kinder, wenn sie schwanger oder trächtig sind. Vögel legen mehrere Eier auf einmal, aber Fische Millionen davon.

ERST SPÄT HABEN WISSENSCHAFTLER BEGRIFFEN, DASS BEI WEITEM NICHT ALLE EIER EINES FISCHS TATSÄCHLICH ÜBERLEBEN UND HERANWACHSEN.

THOMAS HENRY HUXLEY
1825–1895
Er war einer der frühen Unterstützer von Darwins Theorien und schrieb selbst ein zu seiner Zeit sehr umstrittenes Buch über die Rolle des Menschen in der Evolution. Damit begann eine lange Diskussion darüber, von wem oder was der Mensch abstammt.

Der britische Biologie Thomas Henry Huxley hat uns viel über die Anatomie, also den Körperbau der Tiere gelehrt. Er gehörte aber auch zu jenen Wissenschaftlern, die den Fischern weismachen wollten, dass sie auch durch große Fänge den Fischbeständen nichts anhaben könnten.

Zugleich war Huxley auch ein Unterstützer von Charles Darwin und seinen Theorien zur Entwicklung des Lebens. Huxley spielte eine große Rolle dabei, dass Darwins anfangs sehr umstrittene Ideen langsam von einer breiten Masse akzeptiert wurden. Huxley war sogar der Erste, der annahm, dass die Vögel die direkten Nachfahren der Dinosaurier sind. Damit hatte er nach unserem heutigen Wissensstand auch recht.

ABER WAS DIE FISCHE BETRIFFT, SO HATTE HUXLEY SEINEN KOLLEGEN DARWIN VÖLLIG FALSCH VERSTANDEN.

Er glaubte, Darwins Theorie beweise, dass Fische unzerstörbar seien. Das bedeutete für Huxley, dass die Fischer eine Art zwar kommerziell ausrotten könnten, also bis zu einem Punkt, an dem sich ihr Fang nicht mehr lohnt. Aber dann wären die Fischer gezwungen, mit dem Fischen aufzuhören, und so könnte sich die Art immer noch rechtzeitig erholen und wieder munter vermehren.

Die britische Regierung war sich da zunächst nicht so sicher. Aus Sorge über die Folgen der neuen Fangtechniken berief sie verschiedene Komitees ein, um diese zu untersuchen. In drei der Komitees saß auch Huxley. Eines davon verhandelte eine Beschwerde von Fischern, die Heringe mit Netzen fingen, gegen andere Fischer, die mit einer neuen Technik namens Langleinen angelten. Solche Leinen sind heute viele Kilometer lang und mit Tausenden Haken versehen, die nahe an der Oberfläche schwimmen. So werden sie zum Beispiel zu einer Gefahr für Seevögel, die nach Fischen tauchen.

Die Netzfischer forderten, dass das Angeln mit solch langen Leinen eingeschränkt würde. Huxleys Kommission lehnte die Forderung ab und nannte sie sogar „unwissenschaftlich". Er und seine Kollegen erklärten, dass Fischer eigentlich nicht viel über Fische wüssten.

All die Kenntnisse, die die Fischer durch ihre jahrelange Erfahrung über die Meere und ihre Bewohner erlangt hatten, wurden von den Wissenschaftlern missachtet. Huxleys Komitee behauptete einfach, dass Fischer nur das wissen, was sie wissen müssen, um Fische zu fangen. Mehr nicht. Darin mag ein wenig Wahrheit liegen, aber

TATSACHE IST, DASS FISCHER NAHEZU ALLES ÜBER FISCHE WISSEN MÜSSEN, UM IN IHREM JOB WIRKLICH GUT ZU SEIN.

Niemand war und ist stärker beteiligt an der Erhaltung der Fischbestände als die Fischer selbst. Und niemand sorgt sich mehr als sie.

Doch das Komitee beklagte sich darüber, dass die Fischer es wagten, sich in die neuen, effektiven Methoden der Industrie einzumischen.

Anders gesagt: Indem die Fischer sich gegen eine Technik einsetzten, die sie für gefährlich hielten, wollten sie nach Meinung des Komitees nur den Fortschritt der Technologie verhindern. Genau wie Computer bis heute so ziemlich alles verändert haben, was wir tun, beeinflussten das Aufkommen der Industrie und viele neue mechanische Erfindungen das Leben im späten 19. Jahrhundert. Daher nennt man diese Zeit auch die Zeit der industriellen Revolution. Die Fortschritte in Wissenschaft, Industrie und Technik galten als der Weg in eine großartige Zukunft. Erst im 20. Jahrhundert haben wir gelernt, dass die vermeintlichen Verbesserungen auch großen Schaden anrichten können.

1883 fand in London die Internationale Fischereiausstellung statt, die von Vertretern der führenden Fischereiländer besucht wurde. Dort hielt Thomas Huxley eine Rede, in der er sagte: „Jede Tendenz zur Überfischung wird auf die Verminderung des Angebots treffen. Anders gesagt: Wir würden merken, dass wir überfischen; ganz einfach dadurch, dass wir weniger Fische hochzögen."

Er versicherte auch, dass diese natürliche Kontrolle immer schon eintreten würde, lange bevor die Bestände dauerhaft erschöpft wären.

Er erklärte das mit Darwins Theorie – oder zumindest damit, wie er Darwin verstanden hatte: Wenn Fischer den Rückgang eines Fischbestands verursachten, könnten sie mit den wenigen Fischen, die sie fortan fingen, nicht mehr genug Geld verdienen und würden daher den Fang einstellen. Und auf diese Weise könnte sich die Art erholen. Doch Huxley hatte einen wichtigen Punkt in Darwins Erkenntnissen übersehen; nämlich dass

EINE ART IM KAMPF UM IHR ÜBERLEBEN DAVON ABHÄNGIG IST, DASS IHR BESTAND ZU JEDER ZEIT AUSREICHEND GROSS IST.

Das heißt: Eine Population verkraftet es nicht immer, wenn die Zahl ihrer Mitglieder zurückgeht.

Huxley und seine Komitees hatten großen Einfluss auf die Regierungen der wichtigen Fischereiländer am Nordatlantik – und das noch über viele Jahre. In den 1880er Jahren, als die Regierung Kanadas darüber nachdachte, ob es bedrohlich wäre, neue Technologien im Fischfang einzusetzen, griffen sie auf Huxleys Erklärungen und seine Erfahrungen in England zurück. Dort hatte er trotz neuer Techniken keine Anzeichen dafür entdeckt, dass die Fischbestände zurückgingen. Auch die Kanadier waren daraufhin davon überzeugt, dass es unmöglich sei, die Zahl der Fische zu verringern.

VIELE REGIERUNGSBEAMTE UND WISSENSCHAFTLER ERKANNTEN NICHT, DASS DIE NEUEN TECHNIKEN AUCH ZU VÖLLIG NEUEN ERGEBNISSEN UND FOLGEN FÜHRTEN. SIE HIELTEN AUCH DANN NOCH AN HUXLEYS ANSICHTEN FEST, ALS DIE REALITÄT SCHON ANFING, SIE EINES BESSEREN ZU BELEHREN. UND NUR WENIGE BEMERKTEN, DASS HUXLEY SELBST SEINE MEINUNG KOMPLETT ÄNDERTE, NACHDEM ER EINIGE JAHRE SPÄTER DIE AUSWIRKUNGEN DER MOTORGETRIEBENEN SCHLEPPER AUF DIE NORDSEE GENAU UNTERSUCHTE.

ER ERKANNTE:
ÜBERFISCHUNG WAR
NICHT NUR MÖGLICH –
SIE GESCHAH
BEREITS!

DIE GESCHICHTE VON NOAH UND AILA: FÜNFTER TEIL

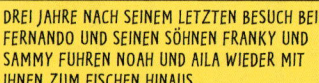

DREI JAHRE NACH SEINEM LETZTEN BESUCH BEI FERNANDO UND SEINEN SÖHNEN FRANKY UND SAMMY FUHREN NOAH UND AILA WIEDER MIT IHNEN ZUM FISCHEN HINAUS.

FERNANDO, DU FISCHST JA JETZT GANZ ANDERS. WARUM ZIEHST DU DEINE NETZE NICHT MEHR DURCHS TIEFE WASSER, SONDERN SO NAH AN DER OBERFLÄCHE ENTLANG?

GANZ EINFACH. AUF DEM GRUND GIBT ES NICHT MEHR SO VIELE FISCHE. ABER DAS MEER IST JETZT VOLLER HERINGE, UND DIE SCHWIMMEN EBEN WEITER OBEN. ES IST GUT, DASS WIR ÜBERHAUPT NOCH ETWAS FANGEN UND VERKAUFEN KÖNNEN.

. . .

HÖRST DU DAS, FERNANDO?

ICH HÖRE GAR NICHTS.

DAS IST ES JA EBEN!

ES IST DOCH NOCH VIEL ZU FRÜH FÜR DIE WALE UND IHREN GESANG.

ABER DEN WALEN DARF DOCH SOWIESO KEINER WAS TUN. SIE SIND DOCH GESCHÜTZT, ODER?

DAS STIMMT, AILA. NOAH, DU MACHST DEINE TOCHTER SCHON GANZ VERRÜCKT.

ICH HABE JA GAR NICHT VON DEN WALEN GESPROCHEN ··· WO SIND DIE VÖGEL?

ES GIBT KEINE BODENFISCHE MEHR, DIE DIE HERINGE FÜR DIE VÖGEL AN DIE OBERFLÄCHE TREIBEN. ALSO SIND SIE DAVONGEFLOGEN.

EGAL, DIE WAREN SOWIESO NUR LÄSTIG.

ZURÜCK AM UFER SUCHTEN AILA, FRANKY UND SAMMY AM STRAND NACH KREBSEN.

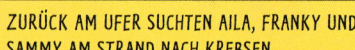

ICH FINDE KEINEN EINZIGEN!

JA, WIR HABEN HIER SCHON SEIT EINER WEILE KEINE KREBSE MEHR GESEHEN.

AM ABEND LUD FERNANDO AILA UND NOAH ZUM ESSEN IN SEIN LIEBLINGS-RESTAURANT EIN.

ICH FREUE MICH SCHON AUF EIN GROSSES HEILBUTTSTEAK!

HA HA!

CAPTAIN LEO'S

TUT MIR LEID, HEILBUTT HABEN WIR SCHON LÄNGER NICHT MEHR. ABER WIE WÄRE ES MIT GEGRILLTEM HERING, GEDÜNSTETEM HERING ODER EINGELEGTEM HERING?

ALSO, WAS DARF'S SEIN?

ÄHM···

FORTSETZUNG FOLGT ···

KAPITEL 5

EINE KURZE GESCHICHTE DER FISCHEREIPOLITIK

„Seltenwerden ist ... der Anfang des Erlöschens."
—Charles Darwin, Über die Entstehung der Arten

DER STREIT DARÜBER, OB ÜBERFISCHUNG MÖGLICH IST ODER NICHT, ENDETE IN DEN 1990ER JAHREN AUF DER NEUFUNDLANDBANK. DAS IST EINE GRUPPE VON UNTERWASSERSANDBÄNKEN AN DER NORDAMERIKANISCHEN ATLANTIKKÜSTE. EINST WAREN SIE DIE WICHTIGSTEN UND BESTEN FISCHGRÜNDE DER WELT. ÜBER JAHRHUNDERTE REISTEN FISCHER SOGAR AUS EUROPA UND ASIEN AN, UM HIER ZU ARBEITEN.

DOCH IN DER ZWEITEN HÄLFTE DES 20. JAHRHUNDERTS bemerkten die Fischer zwei Dinge:

1. SIE MUSSTEN WEITER RAUSFAHREN, UM DIE GLEICHE MENGE FISCH ZU FANGEN WIE VORHER IN KÜSTENNÄHE.

2. DIE FISCHE WURDEN KLEINER.

Wird eine Gruppe Fische kleiner, dann kommt es häufig vor, dass die Tiere schneller geschlechtsreif werden und früher Nachwuchs bekommen können – eine Art Hilfsmaßnahme der Natur. Allerdings werden die größten Fische einer Gruppe, die auch die meisten Eier legen, eher und leichter gefangen als ihre kleineren und jüngeren Artgenossen. Zurück bleiben also oft nur die Kleinen, die nun ganz allein für den Erhalt ihrer Gruppe sorgen müssen.

Wieder waren es zuerst die Fischer und nicht die Wissenschaftler, die ihre Sorge über diese Veränderungen in der Neufundlandbank zum Ausdruck brachten.

Das Problem war nur, dass die meisten Fischer glaubten, dass nicht sie selber, sondern Fischer an anderen Orten schuld an der Überfischung waren. Das hat sich bis heute nicht geändert: Überall auf der Welt suchen die meisten Fischer den Sündenbock nicht auf ihrem eigenen Boot, sondern verurteilen lieber die Fangmethoden ihrer Kollegen in anderen Ländern.

Das beweist auch ein Interview mit dem Kapitän eines Fischerboots, das im Hafen von Newlyn im Südwesten Englands lag. Kapitän William Hooper wurde 1995, also vor nicht einmal 20 Jahren, nach seiner Meinung zum Thema Überfischung befragt. Er erzählte daraufhin von seinen Anfängen als Fischer im Jahr 1955. Damals stapelten sich die gefangenen Fische noch kniehoch an Deck seines Bootes. Als die Ausbeute dann mit der Zeit geringer wurde, musste er sich immer größere und stärkere Boote anschaffen, um die gleiche Menge Fisch hochzuziehen wie einst. Sein erstes Boot war nur zwölf Meter lang. Und nun, 1995, brachte er selbst mit seinem 16-Meter-Boot mit wesentlich besserer Ausrüstung nicht so viele Fische an Deck wie 40 Jahre zuvor. Kapitän Hooper wusste genau, woran das lag: Überfischung. Schuld waren jedoch nicht er und seine Landsleute.

ABER WER ODER WAS WAR SCHULD AN DER ÜBERFISCHUNG?

Für Kapitän Hooper war klar: „Unser größtes Problem sind die Spanier." Nur wenige Monate vorher hatte die Europäische Union es den spanischen Fischern erlaubt, nicht nur vor ihrer eigenen Küste, sondern auch in Hoopers Gewässern zu fischen.

Der Journalist erklärte dem Kapitän daraufhin, dass diese Erlaubnis nur für 40 spanische Schiffe gegeben wurde. Und dass diese gerade erst ankommen würden und nicht verantwortlich für seine leeren Fischgründe sein könnten. Darüber dachte Hooper eine Minute lang schweigend nach, um dann zu sagen: „Ja, die Schotten haben auch immer zu viel gefangen."

AUSLÄNDISCHE FISCHER aus den eigenen Gewässern zu vertreiben wurde darum für viele Fischer ein wichtiges Anliegen – besonders in Island. Vielleicht, weil es für die Isländer durchaus vernünftige Gründe gab zu denken, dass die ausländischen Boote Ursache ihres Problems waren. Island liegt sehr weit weg von anderen Ländern. Über Jahrhunderte war es eine vernachlässigte dänische Kolonie – und hatte nicht viel Geld. Es war viel ärmer als Nordamerika oder Nordeuropa, und so fischten die Isländer noch lange in kleinen hölzernen Booten. Die hatten weder Segel noch Motoren, sondern wurden von Männern mit Rudern angetrieben – ganz ähnlich

Island – eine Insel im Norden Europas. Das nächstgelegene Land ist Norwegen, und selbst das ist fast 1 000 Kilometer entfernt.

wie bei ihren Wikinger-Vorfahren auch. Jeden Morgen schleppten sie ihre Boote mit ihren eigenen Händen von den Lavaständen ihres Inselstaates ins Wasser.

In den 1890er Jahren aber kamen die Engländer, um mit modernen, motorgetriebenen Schiffen mit Stahlrumpf ihre riesigen Netze durch die isländischen Gewässer zu ziehen. Das waren genau die Schiffe, die aus ihren eigenen Fischgründen in der überfischten Nordsee flohen, um neue Fanggebiete zu erschließen. Allein das hätte den Isländern eine Warnung sein sollen.

Für viele von ihnen war es das auch. Aber in Island gab es einen Streit zwischen denen, die die englischen Schiffe aus ihren Gewässern verjagen wollten, und denen, die meinten, dass Island selber sich einige dieser Boote anschaffen sollte. 1944 wurde

Island unabhängig von Dänemark – und die Diskussion wurde lauter. Endlich eigenständig, wollte das Land nun seine Wirtschaft weiterentwickeln. Die größten Hoffnungen setzte man in die Fischerei.

Früher war es durchaus üblich, seine Wirtschaft auf so einem unsicheren Zweig wie der Fischerei aufzubauen. Es gab schließlich nicht viele Alternativen. Doch nun, im modernen 20. Jahrhundert, war es doch eher ungewöhnlich.

Andererseits ist Island auch ein ungewöhnlicher Ort – eine Insel voller Vulkane und Gletscher mit einem harten Klima, in dem kaum ein Baum oder Getreide wachsen kann. Es gab Zeiten, da nahmen Kinder dort Stücke getrockneten Kabeljaus als Pausensnack mit zur Schule, weil es kein Brot gab.

EINER DER WENIGEN NATÜRLICHEN ROHSTOFFE DER ISLÄNDER WAR STETS EIN MEER VOLLER FISCHE. SIE KONNTEN ES AUF KEINEN FALL RISKIEREN, IHREN WICHTIGSTEN NAHRUNGSVORRAT ZU VERLIEREN.

Also baten die Isländer die ausländischen Fischer heimzufahren. Doch das Völkerrecht macht einen Unterschied zwischen dem Meer und dem Land. Viele meinten: Das Meer gehört niemandem allein – und wenn ein Land ein anderes aus einem Gewässer vertreibt, ist das ein Kriegsakt.

So nannten die Briten es dann auch, als die Isländer sie und ihre Boote nach Hause schicken wollten. Dabei waren die Engländer nicht besser und versuchten ihrerseits, andere Länder von ihrer eigenen Küste fernzuhalten. Dennoch griff die britische Marine die isländische Küstenwache an, die ihre Gewässer verteidigte. Die Küstenwache war die einzige militärische Einheit, die die Isländer hatten. Zwischen 1958 und 1975 kämpften die Engländer und die Isländer in drei gefährlichen und gewalttätigen Kriegen im Meer rund um Island – zum Glück floss dabei wenig Blut. Nur wenige Schüsse wurden abgegeben, aber Netze wurden zerschnitten und Schiffe gerammt. Am Ende richtete Island eine Zone von 200 Seemeilen (etwa 370 Kilometer) rund um die eigene Küste ein, in der nur Isländer fischen durften. Sie hatten also die Kontrolle über ihre Fanggründe gewonnen und führten Regeln ein, mit denen sie ihre Fischbestände erhalten wollten.

Aber kaum hatten die Isländer ihre 200-Seemeilen-Zone, wollten die anderen Länder auch eine. Also begannen sie, nach dem Stück Land oder Fels ihres Territoriums zu suchen, das am weitesten sichtbar ins Meer hinausragte. Von dort aus wollten sie die geforderten 200 Seemeilen abmessen – um so die größtmögliche Zone zu bilden.

1958, VOR DER KÜSTE DER IS-LÄNDISCHEN WESTFJORDE: DER BRITISCHE SCHLEPPNETZKUTTER COVENTRY CITY WEICHT VOR DEM SCHIFF ALBERT DER ISLÄNDISCHEN KÜSTENWACHE ZURÜCK.
Eine Kamera fing diese Szene im ersten Kabeljaukrieg ein. Er endete mit einer Einigung. Von nun an sollten alle Streitigkeiten vom Internationalen Gerichtshof in Den Haag in den Niederlanden entschieden werden.

DOCH MIT DER GLOBALEN ERWÄRMUNG STEIGT AUCH DER MEERESSPIEGEL,

und so sind bereits einige dieser Felsbrocken im Meer verschwunden. Die Länder haben einige Meilen ihrer Zonen wieder eingebüßt – und mussten neu messen. Die meisten Fischgründe stehen heute unter der Kontrolle von nur einem Land oder mehreren Ländern, die sich dafür zusammengeschlossen haben.

Hatten die Länder erst einmal die Kontrolle über ihre 200-Meilen-Zonen, steigerten sie dort den Fischfang. In den späten 1970er Jahren investierten viele Regierungen jede Menge Geld, um ganze Fischereiflotten zu gründen. Sowohl deren Fischer als auch die Regierungen begründeten das so: Jetzt, wo die ausländischen Fischer weg und die Überfischung damit gestoppt sei, könne man wieder unbesorgt mehr fischen. Also bauten sie größere Boote mit besserer Ausstattung.

Am Anfang konnten sie tatsächlich mehr Fische an Deck holen und mehr Geld verdienen. Doch mit der Zeit stellte sich heraus: Die 200-Meilen-Zone war eine katastrophale Idee!

MANCHE REGIERUNGEN WIE DIE USA gaben ihren Fischern Geld, damit sie neue Boote kaufen konnten. Andere Länder wie Kanada errichteten ihre Flotten selbst. Eine Zeit lang lief das für Kanada gut – besonders in der Provinz Neufundland und Labrador. Das waren arme Gegenden, die fast nur durch den Fang von Kabeljau überleben konnten. Die Fischer, die Fischereifirmen und die kanadische Regierung verdienten daran. Fisch war ein wichtiges Exportgut für Kanada und half, Geld aus anderen Ländern reinzuholen. Dank der neuen 200-Meilen-Zone war fast jeder auf der atlantischen Ostseite Kanadas glücklich – und das für mehr als zehn Jahre.

Aber nur fast jeder. Es gab eine unglückliche Gruppe von Menschen: nämlich einige Fischer in Neufundland ganz im Osten Kanadas. Das waren zähe Männer, die noch so zur See fuhren wie einst ihre Großväter und Urgroßväter – in kleinen Holzbooten namens Skiffs. Sie warfen Fallen aus geknotetem Seil aus und ließen sie so lange im Wasser, bis sie mit Kabeljau gefüllt waren und hochgezogen werden konnten. Oder sie nutzten Angelleinen mit Ködern, die sie per Hand einholten. Es war ein gefährlicher Job in eisigen Gewässern voller heimtückischer Eisberge, die von den Polkappen der Arktis abgebrochen waren. Wären die Männer in das eiskalte Wasser gefallen, sie wären innerhalb weniger Minuten erfroren.

Als ihre Fänge kleiner und kleiner wurden, glaubten sie, dass all die großen, neuen Boote weiter draußen auf See ihnen alle Fische wegnahmen. Zu diesem Zeitpunkt verschwanden aber in erster Linie nur die küstennah lebenden Fische. Die Tiefseefischer machten sich also zunächst noch keine Gedanken darüber.

Selbst in den 1980er Jahren, ein Jahrhundert nachdem Schleppnetztrawler bereits die Bestände der Nordsee zerstört hatten, glaubten viele immer noch, dass die Kabeljaue der Neufundlandbank nicht bedroht wären. Schließlich gab es hier einen der fischreichsten Bestände, die je gefunden wurden.

DIE SKIFF-FISCHER WANDTEN SICH AN WISSENSCHAFTLER, UND VIELE STIMMTEN IHNEN NUN ZU. DOCH DIE REGIERUNG HATTE IHRE EIGENEN WISSENSCHAFTLER, DIE ERKLÄRTEN, DER BESTAND SEI NICHT IN GEFAHR.

Jahrhundertelang trotzten die Kabeljaufischer dem eisigen Wasser der Neufundlandbank auch in sogenannten Dories. Das sind kleine Schiffe mit hohen Seiten und einem flachen Boden. Sie schützten die Männer kaum vor der tobenden See.

Es wurden so viele Fische gefangen und so viel Geld verdient, dass die Regierung nicht auf ein paar altmodische Skiff-Fischer hören wollte. Schließlich bekamen endlich viele Menschen, die vor der Einrichtung der 200-Meilen-Zone arbeitslos waren, Jobs in der Fischverarbeitung. Die kanadische Flotte brachte jede Menge Kabeljau an Land – mehr als je zuvor. Also musste es doch auch noch haufenweise Fische im Meer geben.

ABER SIE IGNORIERTEN

EINE ANDERE MÖGLICHE ERKLÄRUNG:

DASS DIE FÄNGE NUR SO

REICHLICH WAREN, WEIL SIE

ALLE FISCHE FINGEN.

Ralph Mayo, ein Meeresbiologe aus Neuengland, verglich die Berechnung der Größe einer Fischgruppe mit der Berechnung der Größe von Eisbergen. Wir wissen, dass nur etwa zehn Prozent eines Eisbergs tatsächlich aus dem Meer ragen. Die anderen 90 Prozent liegen versteckt unter der Wasseroberfläche. Mayo nannte es ein „Problem der Wahrnehmung". Mit den Fischen sei es so, meinte er: Man „sieht einige Kabeljaue und nimmt an, dass sie nur die Spitze des Eisbergs seien. Aber sie könnten der ganze Eisberg sein."

Und im Fall des Kabeljaus stellte sich heraus: Es war tatsächlich der ganze Eisberg. An der Neufundlandbank wurde die moderne Fischerei so mächtig und so effektiv, dass die Fischer jeden Fisch eines sterbenden Bestands jagen konnten, ohne zu merken, dass er stirbt. Die Kabeljaufänge waren wirklich riesig, bis plötzlich

KEINE FISCHE MEHR DA WAREN.

1992 erklärte der kanadische Fischereiminister John Crosbie, dass diese Population fast verschwunden sei. Niemand durfte nun in der Neufundlandbank mehr Kabeljau fangen, bis sich die Art wieder erholt hatte. 30 000 neufundländische Fischer verloren ihre Jobs. Die Provinz versank erneut in Armut.

Das Fangverbot wurde 1994 auf fast alle Fischgründe in diesem Gebiet erweitert. Eigentlich sah man das nur als eine vorübergehende Maßnahme an. Aber selbst mehr als 15 Jahre später hat sich der Kabeljaubestand noch nicht erholt: Es scheint, dass die Menschen in Neufundland ihre Lebensgrundlage nie mehr zurückbekommen. Es gibt zwar noch Kabeljau, aber einfach nicht genug.

Vielleicht hat diese Art ihren Platz in der Nahrungskette verloren, und mittlerweile essen andere Tiere ihre Nahrung. Vielleicht ist die Zahl der Kabeljaue aber auch einfach so weit abgesunken, dass eine Wiederherstellung gar nicht mehr möglich ist. So hatte es schon Darwin vermutet. In seinem Buch *Über die Entstehung der Arten* schrieb er, dass das Seltenwerden einer Art der Anfang ihres Endes ist.

Doch die Diskussion darüber, wer nun recht hatte, war damit vorbei. Niemand konnte mehr bestreiten, dass Überfischung stattfand und eine echte Bedrohung für die Ozeane war. Und dass sogar die größten Fischgruppen durch das unkontrollierte Handeln des Menschen vernichtet werden konnten.

Nun war es kein Streit mehr um die Frage, ob Überfischung die Zahl der Tiere im Ozean tatsächlich sinken lässt. Inzwischen stritt man darüber, was man tun sollte, um das zu verhindern.

AN AILAS 14. GEBURTSTAG FUHR NOAH WIEDER MIT IHR ZUM SCHNORCHELN IN DEN URLAUB.

DOCH DAS STRANDHOTEL, IN DEM SIE MAL GEWOHNT HATTEN, SAH JETZT GANZ ANDERS AUS: VERFALLEN UND VERLASSEN.

OH MANN. DIESER ORT HAT SICH WIRKLICH VERÄNDERT.

AUF DEM WEG ZUM STRAND FIEL DEN BEIDEN AUF, DASS FAST KEINE URLAUBER IM WASSER WAREN.

DIE FISCHER SIND AUCH ALLE WEG.

DAS IST GAR NICHT GUT.

DAS WASSER WAR GRÜN UND SCHLEIMIG GEWORDEN.

WIE EKLIG! WAS IST DAS FÜR EIN ZEUG?

DAS SIND ALGEN.

IGITT!

AUCH UNTER WASSER HATTE SICH VIELES VERÄNDERT. NUR TEILE DES KORALLENRIFFS LEBTEN NOCH. DAS GRÖSSTE STÜCK WAR TOT – GANZ BRAUN UND VON ALGEN ÜBERZOGEN. ALL DIE BUNTEN FISCHE WAREN VERSCHWUNDEN.

ALS SIE WIEDER AUFTAUCHTEN, BEGANN AILA ZU WEINEN ...

WAS IST HIER BLOSS PASSIERT? HABEN SIE ZU VIELE PAPAGEI-FISCHE GEFANGEN?

DAS WAR SICHER AUCH EIN FEHLER, ABER ...

DAS HOTEL WAR VIEL ZU NAH AM UFER GEBAUT WORDEN. DABEI STÜRZTEN SCHLAMMLAWINEN INS KORALLENRIFF. UND DAS GROSSE HOTEL STAHL DEM RIFF DAS SONNENLICHT. ES ERSTICKTE.

DAS HOTEL IST DAS GRÖSSTE PROBLEM.

PAPA, ICH WILL NACH HAUSE. SOFORT.

ICH AUCH, AILA. ICH AUCH.

FORTSETZUNG FOLGT ...

KAPITEL 6

WARUM HÖREN WIR NICHT EINFACH AUF ZU FISCHEN?

„Wird irgendein Hindernis beseitigt
oder die Zerstörung noch so wenig gemindert, so wird in der Regel
augenblicklich die Zahl der Individuen stärker anwachsen."
—Charles Darwin, ÜBER DIE ENTSTEHUNG DER ARTEN

Es scheint eine einfache Lösung zu geben. Damit wieder genügend Fische in den Ozeanen heranwachsen können, müsste nur Schluss sein mit der Fischerei. Schliesslich würde damit ein gefrässiges Raubtier aus der Nahrungskette der Tiere verschwinden: DER MENSCH! Für kurze Zeit könnten wir die Fischbestände so tatsächlich erhalten. ABER WIR HABEN KEINE AHNUNG, was geschieht, wenn plötzlich einer der grössten Fressfeinde der Fische fehlt. NIEMAND WEISS, WELCHE FOLGEN DAS FÜR DIE UNTERWASSERWELT HÄTTE.

ABGESEHEN DAVON SIND FISCHE wohl schon seit mehreren Hunderttausend Jahren ein Hauptbestandteil der menschlichen Ernährung. Fisch ist gesund und liefert uns Eiweiße, wichtige Baustoffe für unseren Körper. Viele Ärzte empfehlen Patienten mit Herzproblemen, von Fleisch auf Fisch umzusteigen. Das sind schon einige Gründe, um weiterhin Fisch zu essen. Und ein anderer ist natürlich: Ohne die Fischerei würde die Existenz vieler Menschen zerstört.

Um das zu erkennen, müssen wir nur wieder einen Blick auf die kanadische Insel Neufundland werfen. Nachdem die Regierung es den Menschen dort in den 1990er Jahren verboten hatte, weiterhin Kabeljau zu fangen, veränderte sich ihr Leben sehr. Nicht nur die Fischer selbst verloren ihre Arbeit, sondern auch die Menschen, die die Tiere verarbeiteten, transportierten und verkauften. Der größte Teil der neufundländischen Bevölkerung war nun ohne Job und konnte nur mit der Unterstützung der kanadischen Regierung überleben.

Der Kabeljau ist nie nach Neufundland zurückgekehrt. Und so veränderte sich auch das Leben vor der Küste. Wo einst Kabeljaue waren, gab es nun Krabben und Krebse. Die Fischer waren sich nicht sicher, ob die Krabben gekommen waren, weil ihr Feind, der Kabeljau, nun weg war. Oder ob sie immer schon da gewesen und den Fischern nur noch nie aufgefallen waren.

Früher bekamen die Küstenfischer 18 ½ kanadische Cents für jedes Pfund Kabeljau (das wären bei uns heute etwa 14 Cent). Nun waren es 1 Dollar und 60 Cents für Krebse (1,24 Euro).

Für die Krebsjagd gaben die Fischer ihre kleinen Skiffs auf, mit denen sie einst Kabeljau gefangen hatten. Sie kauften größere Boote, mit denen sie weiter rausfahren konnten, und warfen dort mit Ködern ausgestattete Fallen aus.

Auch die Hochseefischer stiegen auf den Krabbenfang um. Sie entfernten die großen Spulen von ihren Booten, an denen bisher die Netze hingen, und ersetzten sie mit Krebsfallen. Diese ließen sie mit Flaschenzügen an den Seiten der Boote ins Wasser.

Aus den Fischfabriken an Land wurden Krebsfabriken. Aber die Fangsaison war kurz: Nur zwei Sommermonate lang durften die Fischer rausfahren – und jeder mit einer Fanglizenz durfte in dieser Zeit nur 25 000 kanadische Pfund (etwa 11 000 kg) an Land bringen. Ein guter Ersatz für die Kabeljaufischerei war es also nicht.

Neufundland verlor mit dem Kabeljau nicht nur einen Teil seiner Artenvielfalt, sondern auch ein Stück seiner Kultur.

Biologische Vielfalt ist wichtig, damit einzelne Arten überleben und gedeihen können. Sie ist genauso wichtig für uns wie zum Beispiel eine kulturelle Vielfalt, also viele verschiedene Lebensweisen. Aber wir leben in einer Welt, in der solche unterschiedlichen Kulturen und Lebensstile immer schneller verschwinden. In den USA zum Beispiel schließen jährlich Tausende Familienfarmen. Die Menschen verlieren den Kontakt zur Natur – und damit auch den Kontakt zu ihrer pflanzlichen und tierischen Nahrung. Statt in Geschäfte zu gehen, kaufen immer mehr Menschen lieber online ein. Und wir verlieren viele unserer Sprachen. Derzeit werden nur 83 von rund 7 000 existierenden Sprachen von einer größeren Menge Menschen gesprochen. Sprachforscher glauben, dass jede Woche irgendwo auf der Welt eine Sprache ausstirbt.

Wenn eine Tierart stirbt oder gefährdet ist, dann stellt sich die Frage, welche andere Art ihren Platz einnehmen wird. Und wer nimmt dann den Platz der Fischerei ein? Wahrscheinlich der Tourismus.

VIELES AUF DER ERDE IST VOM AUSSTERBEN BEDROHT. SO SIND NICHT NUR DIE FISCHE IN GEFAHR, SONDERN AUCH DIE FISCHER.

In Neufundland ist genau das bereits passiert. Lebensmittel-läden und kleine Geschäfte in fast jedem Fischerdorf haben ange-fangen, Souvenirs an Besucher zu verkaufen. Kabeljau-Souvenirs. Kabeljau-Kappen, Kabeljau-T-Shirts, Schokolade und Kekse in Ka-beljau-Form, Schmuckstücke und Skulpturen in Kabeljau-Form … Es gibt sogar eine Sorte Kabeljau-Kekse, die mit den Worten *gefährdete Art* beschriftet ist. Und als wäre das noch nicht ab-surd genug, lassen Restaurants sogar echten Kabeljau aus anderen Regionen einfliegen, um ihn verkaufen zu können. Denn wer nach Neufundland reist, der erwartet, dass er dort diesen Fisch serviert bekommt. Auch wenn er dort gar nicht mehr existiert.

Für viele Fischer ist das der Alptraum: Ihre Boote landen im Museum, und ihre Fanggründe werden von Besuchern überrannt, die sich Meerestiere ansehen wollen – ähnlich wie in den afrika-nischen Savannen, wo Unmengen Touristen unbedingt auf Safari gehen wollen. Eine kanadische Regierungsbehörde schlug sogar vor, den Küstenabschnitt Bonavista Bay, den früher die neufund-ländischen Fischer nutzten, in ein Erholungsgebiet für Touristen umzuwandeln. Das ging den Fischern zu weit.

Die Fischer der Bonavista Bay

STARTETEN EINEN SO LAUTSTARKEN PROTEST GEGEN DIESES PROJEKT, DASS DIE IDEE FALLEN GELASSEN WURDE.

DIESE SPANNUNG ZWISCHEN DEM TOURISMUS und der Fischerei-industrie ist nichts typisch Kanadisches. Man findet sie an Küsten in aller Welt. Es herrscht ein echter Kampf für den Erhalt des Charakters und der Kultur dieser Gebiete.

Die Fischerei hat die Menschen schon immer fasziniert. Die großen, bekannten Häfen haben viele Künstler und Schriftsteller geradezu magisch angezogen. Der französische Maler Henri Matisse hat im Mai 1905 in einem Hafen sogar eine ganze Kunstrichtung geprägt, den Fauvismus. Er besuchte den Sardellenhafen im mediterranen Städtchen Collioure in seinem Heimatland und malte dort die farbenfrohen Fischerboote in reinen, leuchtenden Farben.

DER HAFEN VON COLLIOURE
Die bunt gestrichenen Boote in der Hafenstadt Collioure im Südwesten
Frankreichs haben Künstler wie Henri Matisse und André Derain inspiriert.
Mit ihren Bildern entstand die Kunstrichtung des Fauvismus. Typisch dafür
sind die kräftigen Farben und der oft sehr breite Pinselstrich.

In seinem berühmten Buch *Fischerjungs* erzählt *Dschungel-buch*-Autor Rudyard Kipling von einem Jungen, der aus Versehen mit einem Schoner aus Gloucester zur Neufundlandbank fährt. Und der Klassiker *Moby Dick* von Herman Melville beginnt in den Walfischereibetrieben der amerikanischen Ostküste.

Die Fischerei ist schon immer ein Herzstück in der Kultur von Ländern gewesen, die eine eigene Küste haben.

Auf den ersten Blick scheint es vielen so, dass die Fischerei und der Tourismus auch nebeneinander existieren könnten, ohne sich gegenseitig zu schaden. Genau wie Künstler lieben auch Touristen Fischerdörfer. Doch auf den zweiten Blick zeigt sich: Sie haben oft ganz andere Interessen als die Fischer. Jachtbesitzer, die zum Urlauben kommen, können zum Beispiel für einen guten Liegeplatz im Hafen wesentlich höhere Preise zahlen als die Fischer. Letztendlich sind sie also Konkurrenten.

EINE WELT OHNE DIE FISCHEREI WÄRE SEHR TRAURIG.

Die Küsten würden ihre Bedeutung einbüßen, und die Menschen, die dort leben, würden nicht nur einen Teil ihrer Kultur verlieren, sondern auch die Grundlage für ihren Lebensunterhalt. Tausende Jahre lang hatten sie so gelebt, und das, ohne dabei die Umwelt zu zerstören. Also müssen Regierungen, Fischer und Wissenschaftler nun zusammenarbeiten! Sie müssen einen Weg finden, um weiterhin fischen zu können, ohne die Fische dabei auszurotten.

Ihr Ziel ist es, Fangmethoden zu entwickeln, die die Fischbestände erhalten und es genügend Tieren ermöglichen, erwachsen zu werden und sich zu vermehren. Nur so kann der Nachwuchs den Verlust eines Bestandes wettmachen, den er durch die Überfischung erlitten hat.

MAN NENNT DAS NACHHALTIGE FISCHEREI – UND SIE IST EINE ECHTE LÖSUNG FÜR DIE ÜBERFISCHUNG.

Mit ihr könnte es mit der Fischerei für immer weitergehen. Die Frage ist nur: Wie fischt man nachhaltig?

Heutzutage zerstört die Fischerei rund 100 Millionen Tonnen Meeresleben im Jahr. Wir haben gemerkt, dass dieses Leben es nicht schafft, sich im gleichen Tempo zu vermehren, in dem wir es vernichten. Wir müssen also dringend etwas tun.

Panel 1

AUCH IM NÄCHSTEN JAHR BESUCHTEN NOAH UND AILA IHRE FREUNDE FERNANDO, FRANKY UND SAMMY …

HEY JUNGS, SCHÖN, EUCH ZU SEHEN …

AAH!

Panel 2

DAS SCHIFFSDECK WAR ÜBERSÄT VON SCHLEIMIGEN WESEN.
SO ETWAS HATTE AILA NOCH NIE GESEHEN.

IGITT! WAS IST DAS?

DAS SIND SCHLEIMAALE.

Panel 3

WER KAUFT EUCH DIE DENN AB?

HAUPTSÄCHLICH DIE KOREANER. SIE MACHEN AUS DER HAUT GÜRTEL UND GELDBÖRSEN. IHRE EIGENEN MEERE HABEN SIE LEER GEFISCHT. DARUM KAUFEN SIE DIE SCHLEIMAALE JETZT BEI UNS.

TOLL, JETZT KÖNNEN WIR SIE AUCH AUSROTTEN.

DAS WÜRDE MIR NICHTS AUSMACHEN. ICH HASSE DIESE DINGER.

Panel 4

FERNANDO ERKLÄRTE, DASS DIE AALE SCHLEIM ÜBER IHREN GANZEN KÖRPER AUSSCHEIDEN, WENN SIE ANGST HABEN …

Panel 5

UND DASS SIE SICH SELBST VERKNOTEN, UM DEN SCHLEIM DANN WIEDER AUSZUWRINGEN.

WIDERLICHE VIECHER. WENIGSTENS BRINGEN SIE GUTES GELD.

ABER DIE QUALLEN NERVEN UNS.

Panel 6

FRANKY UND SAMMY ÄRGERTEN SICH SEHR ÜBER DIE QUALLEN.

ES GIBT VIEL MEHR QUALLEN ALS SCHLEIMAALE.

UND SIE VERFANGEN SICH STÄNDIG IN UNSEREN NETZEN.

Panel 7

NOAH HATTE PLÖTZLICH EIN MERKWÜRDIGES GEFÜHL. ER LIEF ZUM RAND DES BOOTES UND STARRTE AUF DIE WASSEROBERFLÄCHE.

WAS IST LOS, PAPA?

JA, WAS STIMMT NICHT?

…

Panel 8

SIEHT DAS MEER … **ORANGE** AUS?

FORTSETZUNG FOLGT …

KAPITEL 7

VIER MÖGLICHE LÖSUNGEN – UND WARUM DIE ALLEIN NICHT REICHEN WERDEN

„Bei fortdauernder Erhaltung der für jede der zwei Landstriche geeignetsten Individuen werden sich allmählich zwei Abänderungen bilden. Diese Varietäten müssen da, wo ihre Verbreitungsbezirke zusammenstoßen, sich vermischen und kreuzen."
—Charles Darwin, Über die Entstehung der Arten

Manche halten Fischfarmen für eine mögliche Lösung für das Problem Überfischung. Wenn Tiere wie Schweine, Kühe oder Hühner in Farmen gezüchtet werden, um uns mit Fleisch zu versorgen und die Wildbestände zu schonen – **WARUM SOLLTE DAS NICHT AUCH MIT FISCHEN FUNKTIONIEREN?**

WENN EINIGE FISCHARTEN genauso gezüchtet und aufgezogen werden könnten wie Vieh, würde das die Wildbestände retten? Man müsste die Wildfische nur aus ihren angestammten Gewässern holen und sie in speziellen Becken halten, die an Stegen direkt in die Meere eingelassen sind. Darin können sich die Fische immer wieder fortpflanzen. So müssen sich die Farmer nicht mal darum kümmern, dass das Wasser in den Becken den richtigen Salzgehalt oder die richtige Temperatur hat. Das regelt das Meer für sie.

Solche Fischfarmen, auch Aquakulturen genannt, sind keine besonders neue Idee. Die Chinesen haben das schon vor 4 500 Jahren mit dem Karpfen gemacht, einem Süßwasserfisch. Sie fütterten die Tiere mit Wurmresten, die bei der Herstellung von Seide übrig blieben. Auch die alten Ägypter und Hebräer haben wohl für ihre Ernährung Fische in großen Teichen gehalten. Und die Römer züchteten Fische und Austern.

Fischfarmen scheinen eine gute Idee zu sein. Aber wenn man genauer hinsieht, wird es die Wildfische in den Meeren nicht retten, wenn die Menschen Farmfische essen. Denn die meisten Farmfische werden wiederum mit Wildfischen gefüttert, die von fabrikgroßen Netzschleppern gefangen werden. Solche Schiffe holen willkürlich Tausende Fische ein, egal welcher Art, und verarbeiten sie zu Fischmehl. Dieses Mehl wird in kleine Pellets gepresst, die dann in den Farmen verfüttert werden. Um zum Beispiel ein knappes Pfund Lachs in einer Farm aufzuziehen und zu ernähren, sind vier Pfund gepresster Wildfisch nötig.

Außerdem gibt es da noch dieses Problem mit Darwin und der Evolutionstheorie. Ändert sich die Umwelt von Tieren und anderen Lebewesen, können zwei Dinge passieren: Entweder eine Art verkraftet die Veränderungen nicht und stirbt aus – oder sie passt sich mit der Zeit an.

AUEROCHSE
(Bos primigenius)
Der Vorfahre der heutigen Kuh
lebte bis zu seiner Ausrottung
im Jahr 1627 in Europa,
Asien und Nordafrika.

Das haben wir schon bei anderen Farmtieren und auch bei unseren Haustieren erlebt. Ein Hund ähnelt einem Wolf nur noch vage. Und eine Kuh erinnert kaum noch an einen Auerochsen, ihren schnellfüßigen und wilden Ur-Ahn. Wilde Auerochsen wurden vor rund 400 Jahren so lange gejagt, bis sie eines Tages ausgestorben waren.

Dass sich auch Farmfische deutlich von ihren wilden Vorfahren unterscheiden, ist gut erkennbar. In den Farmbecken leben sie in völlig übervölkerten Gehegen und haben dort viel weniger Raum zum Schwimmen. Darum hat ihr Muskelgewebe eine ganz andere Struktur. Manche Arten sehen nicht einmal mehr aus wie ihre Verwandten aus dem Meer. Ein Felsenbarsch aus einer Farm hat mit einem wilden Felsenbarsch nur noch die schwarzen und silbernen Streifen gemeinsam, die sich vom Kopf bis zur Schwanzflosse ziehen. Ansonsten ist der Farmfisch viel kleiner und hat eine andere Form, zum Beispiel einen spitzeren Kopf.

Ein noch größeres Problem ist aber, dass die Farmfische in ihrer beengten, unnatürlichen Umgebung ihre Überlebenstechniken verlernen. In einem geschützten Gehege müssen die Tiere nicht mehr um ihr Überleben kämpfen. Es gibt dort keine Fressfeinde, und das Becken schützt die Tiere auch vor Stürmen und großen Temperaturveränderungen.

WÜRDE MAN EINEN FARMFISCH IM OFFENEN MEER AUSSETZEN, WÜSSTE ER VERMUTLICH NICHT, WIE ER ÜBERLEBEN SOLLTE.

Und würde sich ein Wildfisch mit einem Farmfisch paaren, könnte es sein, dass auch ihren Nachkommen die nötigen Überlebensstrategien fehlen. Ein Lachs könnte so zum Beispiel nicht wissen, dass er zum Laichen wieder den Fluss hinaufschwimmen muss – bis zum Ort seiner Geburt. Einem Kabeljau könnte das Enzym fehlen, das er braucht, um im arktischen Wasser nicht zu erfrieren. Wenn also nur ein paar Farmfische versehentlich aus ihren Becken ins Meer entwischen, könnte das alle Wildfische gefährden.

Die großen, prall gefüllten Farmbecken produzieren außerdem eine riesige Menge Abfall, der auch ins Meer gelangt. Dazu gehören nicht nur biologische Abfälle wie Futterreste, sondern auch Chemikalien, die dem Futter zugefügt werden. Die Fischfarmer sind sich darüber bewusst und denken sich immer wieder neue Möglichkeiten aus, zum Beispiel die Tiere mit Gemüse zu füttern. Aber im Meer gibt es kein Gemüse. Das heißt, die Farmfische würden sich noch weiter von ihren wilden Verwandten weg entwickeln. Und ein Zusammentreffen beider Formen könnte noch schwerere Folgen für die Evolution der gesamten Art haben.

Außerdem sollten wir auch noch etwas ganz anderes bedenken: Obwohl Fischfarmen dazu dienen sollen, Fischbestände zu erhalten – sie helfen nicht im Geringsten dabei, die Fischerei zu erhalten.

WENN ALSO FISCHFARMEN keine besonders gute Lösung sind, wie wäre es dann, wenn man Fischern einfach klare Grenzen setzt, wie viele Tiere sie fangen dürfen?

Es scheint doch offensichtlich zu sein: Wenn das Problem darin besteht, dass Fischer zu viele Fische fangen, dann wäre es doch die einfachste Lösung, ihnen das zu verbieten. Oder nicht? In der Tat hat man auch das schon oft versucht. Aber einfach ist diese Lösung trotzdem nicht.

DEN FISCHERN EINFACH ZU SAGEN, DASS SIE WENIGER FANGEN SOLLEN, GEHT NICHT. MAN MUSS EIN GANZES REGELWERK VEREINBAREN – UND WER DAGEGEN VERSTÖSST, WIRD BESTRAFT.

Die Zahl von Fischen, die an Land gebracht werden dürfen, muss für jede Art und jeden Fanggrund speziell festgelegt werden. Und man muss sie regelmäßig überprüfen und verändern – genauso, wie sich das Leben in den Meeren verändert. Aber wie groß ist überhaupt das ganze Fischvolk in einem bestimmten Gebiet? Wie viele Tiere einer Art leben dort? Da man die meisten Fische von der Oberfläche aus nicht sehen kann und sie sich dazu auch noch ständig bewegen, ist das Zählen eine sehr schwierige Aufgabe. Darum untersuchen Wissenschaftler immer nur sehr kleine Gebiete. Dort fischen sie mit Netzen einzelne Tiere heraus und schätzen mithilfe eines Computerprogramms damit die Gesamtzahl für den ganzen Fanggrund. Aber dabei machen sie auch Fehler. Manchmal denken sie anhand ihrer Berechnungen, dass es mehr Tiere einer Art gibt als in Wirklichkeit. Und dann erlauben sie unabsichtlich auch den Fang größerer Mengen. So ist es zum Beispiel in Island passiert.

Dort hatten Forscher ihre Kabeljau-Population jahrzehntelang recht genau geschätzt. Doch dann lagen sie einige Jahre hintereinander falsch und schätzten die Zahl als zu hoch ein. Also durften die Fischer mehr Kabeljau fangen, als gut war. Das stürzte die isländische Fischerei in eine große Krise, obwohl das Land eigentlich für seine gute Fischereikontrolle bekannt war.

Die Schätzungen in allen Fanggebieten müssen ständig erneuert werden. Und dabei müssen die Wissenschaftler vieles berücksichtigen: das Wetter sowie Veränderungen in den Fischbeständen und bei den Säugetieren und Vögeln, die sich von Fisch ernähren.

DAS ZWEITE PROBLEM SOLCHER REGELN, AUCH FANGQUOTEN GENANNT, IST, DASS DIE MEISTEN FISCHE TOT SIND,

wenn sie an Deck des Fischerboots landen. Hat der Fischer also mehr gefangen als erlaubt, muss er einige der bereits toten Fische wieder über Bord werfen – denn er darf sie oft nicht an Land bringen. Fischer hassen es, das Leben der Tiere auf diese Weise wegzuwerfen. Dennoch werden Millionen Pfund

FISCH JEDES JAHR WEGEN DIESER GESETZE ÜBER BORD GEWORFEN.

Andererseits schaffen diese Gesetze auch einen Anreiz für manchen Fischer, Fisch zu verschwenden. So ein Fischer holt seine Netze ein und ruft dann über sein Handy bei den Märkten an Land an. Dort fragt er, welche Fischart an diesem Tag die höchsten Preise erzielt, und wirft dann die Fische über Bord, die ihm den geringsten Gewinn einbringen. So kann er mehr wertvolle Fische fangen. Warum sollte er seine Quote für eine Fischart aufbrauchen, an der er nicht viel verdient?

Und es gibt noch ein Problem: Das Quotensystem führt dazu, dass die Fischer es auf immer neue Arten absehen. So ist es in Neuengland geschehen. Als die Fangquote für Kabeljau gering war, stiegen die Fischer auf Schellfisch um, der wie der Kabeljau zur biologischen Familie der Dorsche gehört.

Schon Darwin stellte fest, dass die Konkurrenz und der Wettbewerb zwischen nahe verwandten Arten besonders groß sind, da ihre Nahrung sehr ähnlich ist. Die Fischer griffen in diesen Wettbewerb zwischen den beiden Arten ein, indem sie jede Menge Kabeljau fingen. Dadurch konnte der Schellfischbestand wachsen und sich ausbreiten, während der Kabeljau verschwand. Und so sind viele ehemalige Kabeljau-Häfen heute Schellfischhäfen. Aber wenn die Fischer nun zu viele Schellfische an Land bringen, bevor sich die Kabeljaubestände erholt haben, dann ist ein großer Teil der Nahrungskette im Nordatlantik beschädigt und das Gleichgewicht der Natur zerstört.

UND DANN IST DA NOCH DAS PROBLEM MIT DEM BEIFANG.

Schleppnetze durch die Meere zu ziehen ist keine exakte Wissenschaft. Zwar können die Fischer beeinflussen, wie tief in den Meeren ihre Netze schwimmen, damit sie nur eine bestimmte Fischart erwischen. Trotzdem tauchen mit den Netzen immer auch eine Reihe anderer Lebewesen an Deck auf. Sie werden Beifang genannt. Je nachdem wie groß die biologische Vielfalt in einem Fanggebiet ist, desto kleiner oder größer ist die Zahl der unterschiedlichen Arten, die als Beifang im Netz landen. An manchen Orten bringt ein gut ausgeworfenes Netz nur ein oder zwei andere ungewollte Arten mit an Bord. Vor Cornwall an der Südwestküste Englands hingegen treffen gleich mehrere Meeressysteme aufeinander: der Atlantik und die Nordsee. Hier tauchen in den Netzen auch schon mal bis zu 20 andere Arten auf, auf die die Fischer es gar nicht abgesehen hatten.

BEIFANG EINES KRABBENKUTTERS
Wissenschaftler schätzen, dass mit jedem Pfund Krabben bis zu zwölf Mal so viel Beifang in den Netzen landet.

Beifang kann von den Fischern nicht wirklich verhindert werden. Und all die versehentlich gefangenen und schon toten Tiere einfach wieder ins Meer zu werfen wäre pure Verschwendung!

Also müssen Politiker und Behörden Regeln für den Beifang aufstellen.

DAS HAT AUCH DIE EUROPÄISCHE UNION (EU) ERKANNT, zu der Deutschland und 26 andere Länder gehören. Sie hat sich 2013 entschlossen, etwas zu verändern. Bisher wurde Beifang in den europäischen Meeren wie Nord- und Ostsee einfach ins Meer zurückgeworfen. Dazu gehören zum Beispiel Seesterne, Schnecken, Muscheln oder auch Fische, die einfach zu klein sind, um sie zu verkaufen. Sie landen meist tot wieder im Wasser.

Nun plant die EU, dass ab 2014 schrittweise immer weniger Beifang zurückgeworfen werden soll. Stattdessen soll er an Land gebracht und dort zum Beispiel zu Tiernahrung weiterverarbeitet werden. In ein paar Jahren sollen die Fischer der EU-Länder nur noch jedes siebte versehentlich gefangene Tier zurück ins Wasser schmeißen dürfen.

Wenn die Fischer mehr Beifang an Land bringen müssen, bedeutet das für sie: Der Platz in den Netzen und auf dem Boot wird eng – und so können sie weniger „gute" Fische an Land bringen, die ihnen mehr Geld einbringen würden. Darum hoffen die Politiker der EU, dass ihre neuen Regeln die Fischer dazu bringen, vorsichtiger zu fischen. Sie könnten zum Beispiel großmaschigere Netze nutzen – aus denen zu kleine Fische von alleine wieder rausschwimmen können. So könnten sie zu viel Beifang verhindern. Ob der Plan aber tatsächlich aufgeht, werden wir erst in ein paar Jahren erfahren.

In Neuengland (USA) ist Beifang im Allgemeinen erlaubt. Ein Fischer, der eigentlich nach Flundern jagt, darf trotzdem auch den Kabeljau, der dabei in seinen Netzen landet, mit an Land bringen. Erst wenn der Beifang größer wird als der eigentliche Flunderfang, muss man sich fragen, ob der Fischer es nicht eigentlich doch auf den Kabeljau abgesehen hatte – und das verschwiegen hat, um der Kabeljau-Fangquote zu entgehen. 2007 haben die USA schließlich eine Beifangquote eingeführt, die nicht überschritten werden darf.

Im gleichen Jahr klagte die britische Regierung 17 Fischer und Schiffsbesitzer aus dem Hafen Newlyn im südenglischen Cornwall an, weil diese mehr Fische an Land brachten als erlaubt. Angeblich war eine fünfjährige Ermittlung nötig, um hinter den Betrug zu kommen. Weil sie die wertvollen Fische nicht tot zurück ins Wasser werfen wollten, brachten sechs Schiffe aus Newlyn zu große Mengen Kabeljau, Seehecht und Seeteufel in den Hafen. Und um das zu verschleiern, kennzeichneten sie die Tiere als Lengfisch, Barsch und Steinbutt. Für diese Fische gab es nämlich keine Fangquoten. Dass es fünf Jahre lang dauerte, die Fischer zu überführen, zeigt auch, wie wenig die Quotenkontrolleure überhaupt über Fisch wissen! Die Fischer aus Cornwall bestritten ihre Taten nicht. Sie erklärten, dass sie es nicht über sich bringen konnten, die schon toten Fische zurück ins Wasser zu werfen, anstatt sie zu verkaufen und so ihr kleines Einkommen aufzubessern. Steve Hicks, einer der Angeklagten und ein ehemaliger Polizist, erzählte der Londoner Zeitung *Guardian*: „Wir wussten, dass wir etwas Falsches machten. Aber wir taten es nicht aus Gier, sondern um unseren Lebensunterhalt zu verdienen." Ein Sprecher der britischen Regierung nannte diesen Fall „einen großen Erfolg für die Kontrolle der Überfischung".

Wenn man es aus der Sicht der Behörden betrachtet, mag das stimmen. Aber aus einer biologisch-wissenschaftlichen Perspektive ist das weniger klar. Drew Davies, ein anderer der angeklagten Schiffskapitäne, erzählte, dass er auf einer seiner Fahrten

GEZWUNGEN WAR, 1000 TOTE KABELJAUE ÜBER BORD ZU SCHMEISSEN. ER SAGTE: „FÜR EINEN FISCHER GIBT ES NICHTS SCHLIMMERES ALS DAS."

EINE ALTERNATIVE ZU DIESEN FANGQUOTEN ist eine Zeitquote. Das heißt, die Fischer dürfen nur eine bestimmte Zeit lang fischen. Für viele Fischer in den USA war und ist genau das ein sehr harter Einschnitt in ihr Arbeitsleben. Nun dürfen sie nur noch eine gewisse Anzahl von Tagen im Jahr rausfahren. Viele von ihnen haben nur eine Erlaubnis für weniger als 50 Tage. Und zu dieser Zeitquote kommt dann trotzdem noch die normale Fangquote dazu: Sie dürfen also an den wenigen Tagen auch nicht so viel fangen, wie sie wollen.

ES IST SEHR SCHÄDLICH FÜR EINE GESELLSCHAFT, IN DER DIE FISCHEREI SO WICHTIG IST, WENN IHRE FISCHER NICHT GENUG ARBEITEN DÜRFEN.

Menschen von der Arbeit abzuhalten ist für jede Gesellschaft gefährlich. Fischer arbeiten hart – und wenn man ihnen das Arbeiten nur für zwei Monate im Jahr erlaubt, dann ist das für viele von ihnen schlimm. Außerdem ist es sehr teuer, ihre Boote instand zu halten – und 50 Tage auf See bringen ihnen nicht unbedingt genug Geld ein, um die Kosten für ihr Schiff zu decken.

Wie viele Arbeitstage im Jahr den Fischern erlaubt werden, hängt von verschiedenen Dingen ab. Die Anzahl der Tage wird unter anderem dadurch berechnet, wie viele Tage ein Schiff vor dieser Zeitquote jährlich auf See verbrachte. Je mehr, desto besser. Dabei gelten jeweils 15 Stunden auf See als ein Tag. Dadurch hatten die großen Grundschleppnetzschiffe einen Vorteil. Denn sie konnten dank ihrer Größe und Technik mehrere Wochen am Stück auf See bleiben. Und so bekamen sie bei der Einführung der Zeitquoten dann auch den größten Anteil an Tagen.

Wegen dieser Zeiteinschränkungen und der hohen Benzinpreise haben sich viele Fischer entscheiden, lieber nahe an der Küste zu fischen, statt Zeit und Sprit für weite Fahrten auf See zu verschwenden. Doch das bedeutet, dass sich in einem eher kleinen Gebiet auf einmal jede Menge Fischer tummeln – und das ist gar nicht gut.

Also haben die Fischer versucht, sich Tricks auszudenken, mit denen sie die Zeitquoten umgehen können. Viele haben mehrere Boote gekauft oder sich mit anderen Bootsbesitzern zusammengetan. Wenn dann eines der Boote seine Tage aufgebraucht hat, steigt der Fischer ins nächste Boot und kann damit wieder eine Zeit lang arbeiten – denn die Quoten gelten für einzelne Boote, nicht für einzelne Fischer. So war es zum Beispiel auch in Island. Dort hat die Regierung daraufhin die Zeitquoten wieder aufgegeben.

Sie fand es sinnlos, dass die Fischer sich ganze Flotten von Booten kauften, nur um immer eines davon zu fahren, während die anderen ungenutzt im Hafen liegen.

Andere Fischer sind auf sogenannte Stellnetze umgestiegen. Das ist eine alte Methode, bei der ein Netz einfach im Meer verankert wird. Die Fische schwimmen ins Netz, bleiben in den Maschen hängen und verheddern sich darin, während sie eigentlich versuchen sich zu befreien.

Der Vorteil der Stellnetze: Der Fischer kann das Netz im Meer lassen und später dorthin zurückkehren, anstatt an der gleichen Stelle zu warten und so seine Zeit und sein Benzin zu vergeuden.

Aber es gibt ein Umweltproblem mit diesen Stellnetzen. Sie sind verschwenderisch, denn sie fangen wahllos alles ein, was hineinschwimmt, und

MANCHMAL LÖSEN SIE SICH AUS IHRER VERANKERUNG. DANN TREIBEN SIE DURCH DEN OZEAN UND SAMMELN DABEI WEITER FISCHE EIN. WENN DAS NETZ ZU VOLL UND SCHWER IST, SINKT ES ZUM MEERESBODEN – UND WIRD DORT ZU EINEM FESTMAHL FÜR GRÖSSERE FISCHE.

Im nordamerikanischen Neuengland haben die Fischer angefangen, sich selbst zu kontrollieren. Eine Gruppe von Fischern arbeitet in einem Gebiet zusammen, und alle vereinbaren untereinander, dass sie jeweils nur eine bestimmte Anzahl der insgesamt 17 Fischarten fangen werden. Wie oft sie rausfahren und wie viel sie pro Tag an Land bringen, entscheiden sie ganz allein. Wichtig ist nur, dass sie am Ende des Jahres nicht mehr gefischt haben, als am Anfang abgesprochen war. Diese Fischergruppen haben ihr Ziel tatsächlich erreicht – und das ganz ohne Zeit- oder Fangquoten. Und ohne überzählige tote Fische über Bord zu werfen! Dieser geglückte Versuch zeigt wohl, dass Fischer ihre eigene Arbeit manchmal besser regeln können als ihre Regierungen. Aber trotzdem werden sie genau überwacht.

EINE WEITERE LÖSUNGSIDEE hat in den vergangenen Jahren Erfolg im Atlantik und Pazifik. Dort werden bestimmte Gebiete eine Zeit lang einfach für die Fischerei gesperrt. Nach ein paar Jahren, wenn sich das Meeresleben von der Fischerei erholt hat, können sie wieder geöffnet werden. Dann werden stattdessen andere Bereiche geschlossen. Dabei ist es wichtig, dass das gesamte Gebiet in mehr als zwei Bereiche unterteilt wird. Gäbe es nur zwei und einer davon würde gesperrt, würden alle Fischer auf einmal in den anderen wechseln und dort großen Schaden anrichten. Teilt man das Gebiet aber in mehrere Bereiche ein, die abwechselnd genutzt und geschlossen werden, können die Fischer sich auf verschiedene Fischgründe verteilen.

Wir wissen, dass Fischvölker sich oft von Überfischung erholen können, wenn man sie nur lange genug in Ruhe lässt. Ein Beispiel dafür liefert uns die europäische Geschichte: Während des

Zweiten Weltkriegs (1939–1945) war das Fischen in Europa viel zu gefährlich geworden – Angriffe wurden gefürchtet. In dieser Zeit konnten die Fischvölker im Nordatlantik wachsen und gedeihen – und so hatten die Fischer nach dem Krieg volle Netze.

NATÜRLICH BRAUCHT MAN KEINEN KRIEG, DAMIT SICH DIE FISCHBESTÄNDE ERHOLEN. GEHOLFEN HABEN DIE JAHRE OHNE FISCHEREI.

Als die Europäer vor mehreren Hundert Jahren erstmals anfingen, auch in nordamerikanischen Gewässern zu fischen, waren sie ganz erstaunt über die großen Fischmengen. Ein Italiener fischte 1497 vor der Küste Neufundlands und berichtete später, dass es so viele Fische gab, dass nicht mal ein Netz zum Fangen nötig war. Es reichte, einen Eimer abzulassen und wieder hochzuziehen.

1602 war Bartholomew Gosnold unterwegs nach Amerika, um dort nach dem Sassafrasbaum zu suchen, der für die Medizin der damaligen Zeit sehr wichtig war. Auf seiner Reise gab Gosnold der amerikanischen Halbinsel Cape Cod ihren Namen. Cape Cod bedeutet nichts anderes als Kap Kabeljau. Gosnold wählte diesen Namen, weil sein Boot vor der Küste dort ständig von unzähligen Kabeljauen umzingelt war.

Der Grund dafür war, dass zu diesem Zeitpunkt fast nur amerikanische Ureinwohner, also Indianer, in Nordamerika lebten. Anders als die Europäer fischten sie nur, um sich selbst zu ernähren, und nicht, um damit Geld zu verdienen.

WENN FANGGEBIETE FÜR EINIGE JAHRE GESPERRT WERDEN, ERHOLT SICH DIE NATUR DORT NORMALERWEISE. ABER NIEMAND WEISS GANZ GENAU, WIE LANGE DAS DAUERT.

Und wenn der angerichtete Schaden zu groß ist, kann es auch sein, dass sich die Fischbestände dort nie mehr erholen. Genau das scheint in der Neufundlandbank vor Kanada passiert zu sein.

Trotzdem ist diese Art der Kontrolle Erfolg versprechend. Nur leider beruht sie auf Berechnungen von Menschen: Sie teilen die Bereiche ein, die geschlossen werden sollen, entscheiden, wann sie gesperrt werden, welche zuerst und wann sie wieder geöffnet werden. Das sind schwierige Entscheidungen. Darum sind trotz aller Erfolge dieser Methode auch Fehler passiert. Aber wir haben die Natur bereits so sehr geschädigt, dass wir uns Fehler einfach nicht mehr leisten können.

Eines der größten Probleme der Fischereiverwaltung ist, dass sie jede Art für sich alleine betrachtet, statt das Ökosystem als Ganzes zu untersuchen. Aber wenn die Kabeljauzahlen in einem Gewässer sinken und gleichzeitig die Heringszahlen steigen, gibt es da einen Zusammenhang. Schließlich fressen Kabeljaue Heringe.

Die Beamten in den Fischereibehörden vergessen leider oft, dass jedes Ereignis in der Natur Einfluss auf viele Lebewesen hat, nicht nur auf eines. In einem Ökosystem können durch den Verlust von Arten große Löcher entstehen, ohne dass ein Mensch es bemerkt. So haben zum Beispiel Wissenschaftler plötzlich und leider erst zu spät bemerkt, dass im Golf von Mexiko viele Haie und vor der Küste Neuenglands die Scheunentorrochen verschwanden. Niemand hatte diese Tierarten vorher beobachtet, weil sie für die Fischereiindustrie uninteressant waren. Man konnte sie nicht verkaufen. Und doch wurden sie als Beifang aus dem Meer gezogen und starben.

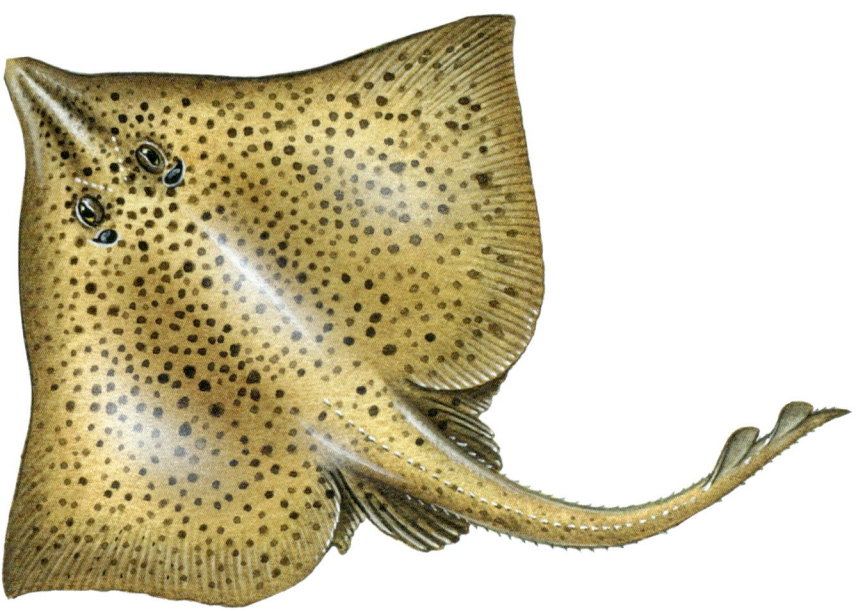

SCHEUNENTORROCHEN
(Dipturus laevis)
Dieser Fisch gehört zu den größten Rochenarten im Nordatlantik. In den vergangenen 50 Jahren hat die Zahl der Rochen stark abgenommen, da sie oft als Beifang in Fischernetzen landen. Die IUCN (Internationale Union für die Bewahrung der Natur und natürlicher Ressourcen) hat die Art als gefährdet eingestuft.

DANIEL PAULY, EIN WISSENSCHAFTLER AN DER UNIVERSITÄT VON BRITISH COLUMBIA IN KANADA, IST EINER DER FÜHRENDEN EXPERTEN FÜR DIE BEURTEILUNG VON FISCHBESTÄNDEN. ER IST EINER VON VIELEN FORSCHERN, DIE EINE „ÖKOSYSTEM-BASIERTE STEUERUNG" FORDERN. ABER DIESE IDEE FINDET NUR LANGSAM ANHÄNGER. VIELLEICHT SOLLTEN DIE BEAMTEN ERST MAL DARWINS BÜCHER LESEN.

JAHRE SPÄTER LIEFEN NOAH UND AILA AM STRAND ENTLANG UND REDETEN DARÜBER, DASS DAS MEER SICH ORANGE GEFÄRBT HATTE.

SO SIEHT ES NUN ÜBERALL AUS.

AILA BERÜHRTE DAS WASSER …

ES FÜHLT SICH GANZ GLITSCHIG AN, GENAU WIE DIESE SCHLEIM-AALE.

DAS LIEGT NICHT AN DEN SCHLEIMAALEN. SCHULD IST DAS PLANKTON. FRÜHER WURDE ES VON DEN MEERES-TIEREN GEFRESSEN. ABER DIE SIND JA ALLE WEG.

PLANKTON IST ORANGE, AN MANCHEN ORTEN SIEHT ES ABER EHER PINK AUS.

NIEMAND KOMMT MEHR AN DEN STRAND.

NICHT MAL MEHR VÖGEL UND KREBSE.

DAS KANN ICH IHNEN NICHT ÜBEL NEHMEN.

ICH HABE DOCH VERSUCHT, ALLE ZU WARNEN. WAS HAB ICH FALSCH GEMACHT?

KOPF HOCH, PAPA. LASS UNS FERNANDO BESUCHEN.

SIE FANDEN IHN IN EINEM SCHAUKEL-STUHL VOR SEINEM HAUS.

ICH HAB DAS FISCHEN AUFGE-GEBEN. FRANKY UND SAMMY SIND ABER NOCH DABEI.

ICH VERSTEHE NICHT, WIE DAS ALLES PASSIEREN KONNTE.

DEN NACHMITTAG VERBRACHTEN NOAH UND AILA MIT FRANKY UND SAMMY AUF IHREM BOOT. DIE JUNGS ZEIGTEN IHNEN, WIE SIE KRILL FISCHTEN.

SEHT IHR DIESE KLEINEN KRABBEN? DAS IST KRILL. DER OZEAN IST VOLL DAVON.

ABER IST KRILL NICHT DAS FUTTER DER WALE?

JA. ECHT GUTES ZEUG.

UND WAS SOLLEN DIE WALE DANN FRESSEN?

KEINE SORGE. DIE ROBBEN SIND AUSGESTORBEN, WEIL SIE SICH VON FISCH ERNÄHRT HABEN UND ES IRGENDWANN ZU WENIG GAB. ABER FÜR DIE WALE IST NOCH JEDE MENGE KRILL ÜBRIG.

ABER NICHT MEHR LANGE, WENN IHR WEITERFISCHT.

ACH, AILA. DU KLINGST SCHON GENAU WIE DEIN VATER.

HA HA HA HA

AM ABEND IM RESTAURANT …

UNSERE HEUTIGE SPEZIALITÄT: KRILL-SALAT.

FORTSETZUNG FOLGT …

KAPITEL 8

DIE BESTE LÖSUNG FÜR DIE ÜBERFISCHUNG:

NACHHALTIGE FISCHEREI

„Es ist wahrlich eine großartige Ansicht, dass ... aus so einfachem Anfang sich eine endlose Reihe immer schönerer und vollkommenerer Wesen entwickelt hat und noch fortentwickelt."
—Charles Darwin, ÜBER DIE ENTSTEHUNG DER ARTEN

VIELE PROBLEME DER MODERNEN FISCHEREI SIND EINE FOLGE DAVON, DASS DIE TECHNIK UND DIE AUSSTATTUNG DER SCHIFFE IMMER LEISTUNGSFÄHIGER WURDEN. UND WENN NEUE TECHNOLOGIEN ERST EINMAL GENUTZT WERDEN, IST ES SEHR SCHWER, SIE WIEDER ZU VERDRÄNGEN. FUNKTIONIEREN SIE GUT, WOLLEN DIE MENSCHEN SIE NICHT MEHR AUFGEBEN.

ES GIBT VIELE WISSENSCHAFTLICHE STUDIEN über die schädlichen Auswirkungen von Autos. Trotzdem ist es eher unwahrscheinlich, dass unsere Gesellschaft je freiwillig auf sie verzichten wird. Stattdessen haben wir bestimmte Autos und Technologien verboten – doch das geht vielen nicht weit genug.

Grenzen und Quoten für die Fischerei hingegen sind lange akzeptiert worden. Schon im Mittelalter erkannten Fischer, dass sie ganze Bestände zerstören würden, wenn sie zu viele junge Fische fingen. Also machten sie die Maschen ihrer Netze größer, damit die kleinen Jungfische wieder entwischen konnten.

Bei einem modernen Schleppnetzkutter ist das nicht möglich. Denn im Netz werden so viele Fische auf einmal gefangen, dass die kleinen gar keine Chance mehr haben, an den Rand des Netzes zu gelangen.

Viele Vorschriften für die Ausrüstung von Fischern betreffen die großen, besonders zerstörerischen Schiffe. Das sind die Grundnetzschlepper, die ihre riesigen Netze direkt am Meeresgrund entlangziehen und ihn aufwühlen. Die Geschichte zeigt: Seit es solche Schiffe gibt, sind überall dort, wo sie eingesetzt wurden, die Fischgründe erschöpft. Schon als sie zu Beginn des 19. Jahrhunderts erstmals in Neuengland eingesetzt wurden, warnte die Zeitung *Gloucester Daily Times* eindringlich vor ihnen. Sie schrieb, wenn die Schiffe nicht gleich zu Anfang wieder verboten würden, würden sie zu mächtig und wichtig für die großen Fischereiflotten und wären nicht mehr aufzuhalten. Und genau so ist es geschehen. Es gab Versuche, die Größe der Schiffe einzuschränken, ihre Motorkraft und sogar die Größe ihrer Netze. An vielen Orten wurden die Rollen an den Netzen verboten, mit denen die Fischer selbst steinige Böden umpflügen konnten.

Aber auf Vorschläge, doch einfach die Grundnetzschleppkutter selbst zu verbieten, reagierten viele Fischer empört. Ihrer Meinung nach würden dann einfach andere zerstörerische Methoden die Schleppnetze ersetzen. Und wenn man schon etwas verbieten wolle, dann doch besser gleich die Nutzung von Motoren. Immerhin begann das ganze Unheil für die Ozeane ja erst, als die ersten Schiffe Motoren einsetzten. Sollten wir also nicht einfach zurückkehren zu Windkraft und Segeln?

DA KÖNNTE MAN JA AUCH GLEICH VORSCHLAGEN, DASS ALLE MENSCHEN AUF AUTOS VERZICHTEN UND STATTDESSEN WIEDER AUF PFERDEN DURCH DIE GEGEND REITEN.

Auch über das Thema Sicherheit muss man sich Gedanken machen. Bis heute noch gilt die Fischerei als einer der gefährlichsten Berufe der Welt. In keinem anderen Job ist der Anteil an Todesfällen und Verletzungen so hoch wie hier – nicht mal bei der Polizei und der Feuerwehr! Auf einer Statue in Gloucester stehen die Namen von mehr als 5000 Fischern der Gegend, die seit 1623 ihr Leben auf See verloren haben. Historiker denken aber, dass es mindestens 5000 weitere Opfer gibt, deren Namen nur nicht bekannt sind. Besonders in den Zeiten der Segelschiffe konnten Dutzende Schiffe und Hunderte Männer in nur einer stürmischen Nacht sterben. Sie wurden vom Wind über Bord geworfen – und niemand hörte je wieder von ihnen.

DAS FISCHER-DENKMAL
VON LEONARD CRASKE
Dieses Denkmal von 1925 steht im Hafen von Gloucester, Neuengland. Es erinnert an all jene Fischer, die über die Jahrhunderte hinweg ihr Leben auf hoher See verloren haben. Auf einer Plakette unter der Statue steht: „Die, die mit Schiffen auf den Meeren fuhren, 1623–1923."

Auch heute noch kommen jedes Jahr ein bis zwei weitere Namen auf der Statue hinzu, meistens im Winter.

Obwohl die Fischerei immer noch sehr gefährlich ist: Der Umstieg von Segeln auf Motoren war eine der Veränderungen, die den Job etwas weniger riskant gemacht haben. Auch geholfen haben bessere Wettervorhersagen, Handys und Spezialanzüge, die die Fischer lange warm halten – selbst wenn sie über Bord gegangen sind oder ihr Schiff kentert.

AN DER WESTKÜSTE DER USA hatten die Behörden ein wenig Erfolg damit, das Schleppnetzfischen in großen Bereichen des Ozeans zu verbieten. Diese Idee könnte eine Zukunft haben.

DIE GRÖSSTE HOFFNUNG AUF EIN VERBOT FÜR GRUNDSCHLEPPNETZKUTTER SIND DIE MÄRKTE, AUF DENEN FISCH VERKAUFT WIRD.

Wenn die Kunden die Wahl hätten zwischen einem Fisch, der mit einem Haken und einer Leine gefangen wurde, und einem Fisch, der in einem Netz gelandet ist, würden sich wohl die meisten für den Fisch von der Leine entscheiden. Zumindest dann, wenn sie die Tiere sehen können. Denn im Netz gefangene Fische verbringen oft Stunden darin – und das zu Tausenden. Sie winden sich, versuchen zu fliehen, knallen gegeneinander und gegen die Maschen des Netzes. Dann erreichen sie zerschrammt und verletzt den Markt.

Bis vor Kurzem wurden die großen Fischvermarkter nur wenig kontrolliert. Heute werden ihre Waren auf Großmärkten und Auktionen jedoch immer häufiger so präsentiert, dass man die Fische genau sehen und untersuchen kann. Das bedeutet auch, dass die Fische in verschiedenen Kisten sortiert werden – je nach Sorte und nach der Art, wie sie gefischt wurden. Ein Kabeljau aus einem Grundschleppnetz kommt also in eine andere Kiste als ein Kabeljau, der mit einer Leine an Bord geholt wurde.

Auf solchen Märkten zeigt sich aber auch, dass Leinenfische höhere Preise erzielen als Fische aus Netzen. Das könnte ein Anreiz für die Fischer sein, auf Haken und Leinen umzusteigen. Denn wenn sie schon aufgefordert werden, weniger Fische zu fangen, wäre es doch besser, wenn sie an denen wenigstens gut verdienen.

Aber es gibt noch einen anderen Anreiz. Die Fischer wünschen sich nichts mehr, als von all den Grenzen und Quoten befreit zu werden. Nicht, weil sie Spaß daran haben, die Ozeane zu zerstören – sie wollen nur mehr Freiheiten haben. Trotz der Gefahren ihres Jobs haben sie ihn immer gern gemacht und das harte Leben auf See ausgehalten. Denn niemand schrieb ihnen vor, was sie zu tun und zu lassen hatten.

Aber das ist heute anders. Es sind nicht nur die Fangquoten oder die Einschränkungen für die Anzahl der Tage, die die Fischer auf See verbringen dürfen. Oder die Vorschriften für die Ausrüstung, die sie zu verwenden haben. Es ist alles zusammen. Heutzutage wird ein Fischer mit Regeln regelrecht bombardiert.

FISCHER, DIE ZU DEN ALTEN METHODEN ZURÜCKKEHREN UND ZUM BEISPIEL WIEDER MIT ANGEL UND HAKEN FISCHEN ODER MIT HARPUNEN JAGEN, UNTERLIEGEN LÄNGST NICHT SO VIELEN VORSCHRIFTEN. DENN ES WÄRE UNMÖGLICH FÜR FISCHER, MIT NORMALEN, ALTMODISCHEN LEINEN UND KÖDERN SO VIELE FISCHE ZU FANGEN WIE MIT GRUNDSCHLEPPNETZEN. ALSO MÜSSEN SIE SICH KEINE GEDANKEN ÜBER FANGQUOTEN MACHEN.

UND WAS NOCH DAZUKOMMT:
DER SO GEFANGENE FISCH KÖNNTE
ZWEI- ODER DREIMAL SO HOHE
PREISE ERZIELEN WIE EIN FISCH AUS
DEM NETZ, WENN ES GENÜGEND
UMWELTBEWUSSTE KÄUFER GIBT,
DIE WERT AUF GUTEN FISCH LEGEN.
DANN KÖNNTEN DIE FISCHER MIT EINEM
KLEINEREN FANG ETWA GENAUSO
VIEL GELD VERDIENEN WIE VORHER.
IST DAS VIELLEICHT DIE ZUKUNFT?

AM ENDE STARBEN DOCH ALLE WALE AUS, UND DER OZEAN VERLOR SEINEN GESANG.

AILA WURDE GRÖSSER UND STUDIERTE, UM GENAU WIE IHR VATER EIN MEERESFORSCHER ZU WERDEN.

IRGENDWO AUF DER WELT MUSS DOCH EIN KORALLENRIFF ÜBERLEBT HABEN. ICH WERDE ES FINDEN, ERFORSCHEN UND RETTEN!

WENN ICH NUR WÜSSTE, WO ICH SUCHEN SOLL.

ICH HABE FRÜHER RIFFE IM PAZIFIK ERFORSCHT. DER IST SO GROSS, DASS ES NOCH EIN ODER ZWEI GEBEN MÜSSTE.

DAS ZENTRAL-PAZIFISCHE BECKEN!

GUTE IDEE!

ICH BIN SICHER, HIER FINDEST DU NOCH EINS.

DAS KINGMAN-RIFF!

HAWAIIAN ISLANDS

MARSHALL ISLANDS

P IN NGUNEA

KINGMAN REEF

KIRIBATI

SAMOA

ES WURDE EINST VON EINEM KAPITÄN AUS CONNECTICUT ENTDECKT UND GEHÖRT SEITDEM ZU DEN USA.

WURDEN IN DIESEM RIFF NICHT MAL ATOMWAFFEN GETESTET?

JA, VOR LANGER ZEIT. ABER SEIT 2001 IST ES EIN NATURSCHUTZGEBIET. ES IST VIELLEICHT DER ABGESCHIEDENSTE ORT DER WELT.

UND GENAU DARUM LEBT DAS RIFF NOCH.

DAS KINGMANRIFF LAG WEITAB VOM LAND. SELBST HAWAII, DIE NÄCHSTGELEGENE INSEL, WAR ÜBER 1600 KILOMETER WEIT ENTFERNT.

AILA MUSSTE AUF IHREM BOOT LEBEN UND KONNTE NIE LANGE AM RIFF BLEIBEN, WEIL ES SO ABGESCHIEDEN LAG.

VÖGEL!

DAS RIFF WAR UMGEBEN VON WUNDERSCHÖNEM BLAUEM WASSER. EIN BUNTES, LEBENDIGES RIFF, IN DEM NOCH FISCHE SCHWAMMEN!

NIEMAND DARF DIESEN ORT ZERSTÖREN!

FORTSETZUNG FOLGT ...

KAPITEL 9

WIE DIE UMWELTVERSCHMUTZUNG FISCHE TÖTET

„Das Angesicht der Natur ist vergleichbar mit einer nachgiebigen Oberfläche.
Auf ihr sind Zehntausende scharfe Keile dicht zusammengepackt.
Sie werden von unaufhörlichen Schlägen immer mehr nach innen gedrückt.
Manchmal wird einer getroffen – und dann wieder ein anderer,
mit noch größerer Kraft."
—Charles Darwin, ÜBER DIE ENTSTEHUNG DER ARTEN

Über Jahrzehnte hinweg hat man versucht, die Folgen der Überfischung MITHILFE VON REGELN UND QUOTEN in den Griff zu bekommen. Bis zu einem gewissen Grad hatte man damit auch Erfolg. ABER WARUM WERDEN DIE FISCHBESTÄNDE TROTZDEM IMMER NOCH KLEINER? ES GEHT EINDEUTIG ETWAS SCHIEF. DIE ZERSTÖRUNG HÖRT NICHT AUF.

BESONDERS FÜR DIE FISCHGRÜNDE in den 200-Meilen-Zonen gibt es eine Menge Regelungen und Auflagen. Gemeint sind die 200 Seemeilen (rund 370 Kilometer) vor den Küsten jedes Landes. Und die meisten Fischereiflotten in Europa und Nordamerika halten sich auch an diese Bestimmungen. Doch trotz einiger Erfolge hier und da erholen sich die Fischbestände in den überfischten Gebieten nicht gut und schnell genug. Also haben die Fischer zwar große Opfer bei ihrer Arbeit gebracht und viel verändert, aber sie werden dadurch nicht durch wachsende und gesunde Fischpopulationen belohnt.

Ein Teil des Problems ist: Wir vergessen gerne mal, dass nicht nur die Fischerei das Leben in den Meeren beeinflusst, sondern unser ganzes Handeln. Seit Jahrhunderten laden die Menschen ihren Müll in den Ozeanen ab – ihre Fäkalien, ihren Hausmüll, Plastik und die oft giftigen Abfälle, die in Fabriken entstehen. So ist das Wasser in den meisten großen Häfen der Welt völlig verschmutzt. Die großen Häfen in Europa, den USA, Asien und Afrika sind reinste Müllhalden. Und aus den Hafengewässern gelangt all der Dreck auch ins offene Meer – wie zum Beispiel die gefährlichen Chemikalien, die in der industriellen Landwirtschaft verwendet werden, um Unkraut und Insekten zu töten. Wenn es regnet, werden diese Gifte aus den Feldböden ausgespült und gelangen so erst in Bäche und Flüsse und am Ende ins Meer. Einige der am meisten verschmutzten Teile der Ozeane liegen nahe an Flussmündungen.

Es gibt ganze Meeresgebiete, die man nur noch tote Zonen nennt, weil dort große Mengen pflanzliches Plankton durch die Verschmutzung sterben. Wenn sie verrotten, verbrauchen sie dabei den ganzen Sauerstoff im Wasser. Und ohne Sauerstoff wiederum können Fische nicht leben.

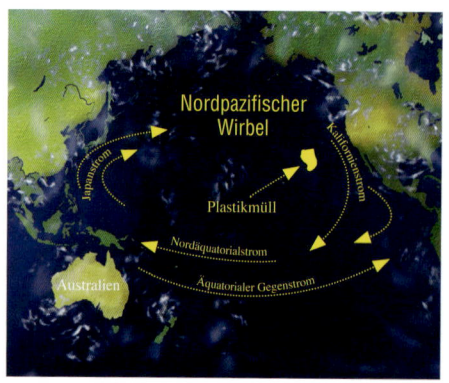

Nordpazifischer Wirbel

Japanstrom

Kalifornienstrom

Plastikmüll

Nordäquatorialstrom

Äquatorialer Gegenstrom

Australien

DER GROSSE MÜLLSTRUDEL IM PAZIFIK
An Orten, an denen verschiedene Meeresströmungen aufeinandertreffen, sammelt sich
oft viel Müll. Größtenteils ist es Plastik,
das von der Natur nicht so leicht abgebaut
werden kann wie zum Beispiel Bioabfälle.
Stattdessen zerfällt das Plastik nur in winzig
kleine Teilchen. Manche Tiere wie Fische
und Seevögel denken, die Plastikteilchen
wären Plankton. Sie fressen Unmengen davon
und verhungern auf Dauer trotzdem, denn
Plastik liefert ihnen ja keine Nährstoffe.
Der größte dieser Müllstrudel ist im Pazifischen Ozean zu finden, auf der Höhe zwischen Japan und den USA. Wie groß genau
dieser Strudel ist, kann man nur schätzen.
Die einen meinen, er sei doppelt so groß wie
die ganzen USA. Die anderen sagen, er sei
nur etwa ein Achtel so groß. Und der Müllstrudel wird immer weiter gefüttert – von
uns an Land und von Schiffen auf See, die
ihren Müll über Bord werfen!

Viele Industriestoffe, die in die Meere geleitet werden, können dort von der Natur nicht abgebaut werden. So treiben sie unverändert durchs Wasser und lagern sich in Tieren und Pflanzen ab.

Im 20. Jahrhundert wurden Unmengen von Erdöl in die Meere geschüttet. Zum Teil durch Fabriken und Firmen, die das mit Absicht getan haben, um günstig ihren Abfall zu entsorgen. Doch meistens waren Unfälle von Öltankern dafür verantwortlich. Das sind große Schiffe, die Hunderttausende Liter Öl transportieren. Für die Ozeane wäre es besser, wenn nur kleinere Schiffe mit weniger Öl unterwegs wären. Aber die Ölfirmen sagen, dass der Transport und damit auch das Öl viel teurer werden würden.

Das Problem mit diesen Tankern wurde der Öffentlichkeit erstmals im Jahr 1967 bewusst: Bei einem Unfall verlor einer dieser Supertanker, die *Torrey Canyon*, vor der britischen Küste knapp 100 000 Tonnen Öl. Das verursachte schwere Schäden in einem riesigen Gebiet – bis hin zur französischen Küste.

1989 verunglückte im Prinz-William-Sund vor Alaska der Tanker *Exxon Valdez*. Dieser Unfall zerstörte große Teile des Lebens in diesem Gebiet der Arktis. Zuvor war es ein nahezu unberührtes Paradies für eine große Vielfalt von Fischen, Schalentieren, Säugetieren und Vögeln.

Nach dem *Exxon Valdez*-Unglück begann ein Umdenken. Die Internationale Seeschifffahrts-Organisation IMO stellte neue Regeln auf, die immer strenger wurden. Ab dem Jahr 2015 sollen nur noch Öltanker durch die Weltmeere fahren dürfen, die eine Doppelhülle haben. Das heißt, sie müssen nicht nur eine, sondern zwei dichte Außenwände haben. So sollen Katastrophen wie diese in Zukunft verhindert werden. Doch der Schaden in der Arktis war längst angerichtet.

Wenn Öl durch die Meeresströmungen die Küsten erreicht, dann verflüchtigt sich ein Teil des Öls – und zurück bleiben nur seine schwersten Bestandteile. Sie verwandeln das Öl in Teer.

SO SETZT SICH DAS ÖL AUF STRÄNDEN UND MARSCHLAND AB. DORT BLEIBT ES DANN FÜR JAHRE.

Auch in Gegenden, in denen Helfer das Öl relativ gut von den Stränden und Küsten entfernen konnten, wurde noch Jahrzehnte nach Tankerunfällen Öl gefunden. Dort lebende Fische und Schalentiere entwickelten anormale Merkmale und Mutationen. Zum Beispiel konnten sich einige von ihnen nicht mehr fortpflanzen.

1969 schlug der Schleppkahn *Florida* vor Cape Cod im Bundesstaat Massachusetts an der US-amerikanischen Ostküste leck. Dabei verlor er 750 000 Liter Diesel, das sich schnell vor einem berühmten Urlaubsort ausbreitete. Diese Katastrophe bekam in den Medien viel Aufmerksamkeit, denn im gleichen Jahr traf ein ähnlicher Unfall auf einer Ölbohrinsel bereits einen anderen bekannten Strand: Santa Barbara Beach in Kalifornien. Der Strand war verkrustet von Rohöl, einem besonders dickflüssigen Öl.

Dort und in Cape Cod starben Tausende Fische, Schalentiere und Vögel.

Nach ein paar Monaten Arbeit war an beiden Küsten alles gesäubert. Tiere und Pflanzen kamen wieder, die Touristen kehrten zurück. Der Ort erholte sich von dem Schock, und der Vorfall war fast vergessen.

Doch 40 Jahre später entdeckten Forscher des ozeanografischen Instituts in Woods Hole nahe Cape Cod etwas Beunruhigendes: In einem Salzsumpf bemerkten sie, dass der Dreck gleich unter der Oberfläche immer noch nach Öl roch. Winkerkrabben gruben dort keine tiefen Löcher mehr wie früher. Stattdessen stoppten sie, sobald sie die Ölschicht erreichten, und gruben dann seitwärts weiter. Es schien, als wären sie von dem Öl ganz betrunken.

AUCH IM MEER NACH ÖL ZU BOHREN BIRGT GROSSE RISIKEN.

Solche Unfälle wie der 1969 vor der Küste Santa Barbaras passieren nicht oft. Aber wenn sie passieren, dann haben sie katastrophale Folgen. Und es wird klar, dass die Ölfirmen nicht genug für die Sicherheit ihrer Tanker und Ölbohrplattformen tun können oder wollen. Daran wurde die Welt erst vor Kurzem, im Jahr 2010, wieder erinnert.

Zu dieser Zeit war es sehr beliebt, Ölbohrplattformen zum Beispiel in der Nordsee aufzustellen. Doch dann, ganz unerwartet, explodierte am 20. April 2010 eine solche Plattform im Golf von Mexiko, die *Deepwater Horizon*. Elf Arbeiter wurden dabei getötet, und das Bohrloch am Meeresgrund lag plötzlich völlig frei. Die größte Ölpest der Geschichte nahm ihren Lauf. Erst am 15. Juli 2010 konnte das Loch abgedichtet werden. Bis dahin schossen täglich etwa 7,5 Millionen Liter ungehindert ins Meer. Wie viel Öl insgesamt ins Wasser gelangte, ist ungeklärt. Aber es ist in etwa so, als wäre drei Monate lang jeden Tag ein schweres Öltankerunglück passiert.

Das Bohrloch hinterließ im Golf von Mexiko eine etwa 6 500 Quadratkilometer große Ölschicht, die durch Stürme immer noch weiter auseinandergetrieben wird. Außerdem ist noch jede Menge Öl unter der Wasseroberfläche, das wir nicht sehen können. Anders als bei dem Unglück in Santa Barbara handelt es sich dabei nicht um ein dickflüssiges schweres Öl, sondern um ein leichtes. Das ist nicht nur giftiger, sondern auch schwerer aus dem Wasser zu entfernen.

EINES IST SICHER: EIN TEIL DIESES ÖLS WIRD ÜBER TAUSENDE VON JAHREN IM MEER BLEIBEN.

GOLFKÜSTE VON ALABAMA
(12. JUNI 2010)
Strände entlang der ganzen Golfküste
waren noch Monate nach der
Explosion der *Deepwater Horizon*
mit Öl bedeckt.

Der Golf von Mexiko ist eine wichtige Brutstätte für Fische, Vögel und Meeressäugetiere. Die langfristigen Folgen des Unglücks für diese Tiere, das ganze Ökosystem des Ozeans und vielleicht sogar für die Natur der ganzen Welt sind völlig unvorhersehbar.

Bei der Katastrophe im Golf von Mexiko haben sowohl die Industrie als auch die Regierungen versagt. Die verantwortliche Ölfirma British Petroleum, kurz BP, hatte nicht die nötige Sorgfalt walten lassen, um Kosten zu sparen. Dagegen erhoben allerdings die Regierungsbehörden, die eigentlich für die Kontrollen der Ölbohrplattformen zuständig waren, keine Einwände. Dabei war BP deshalb bereits mehrere Male negativ aufgefallen. Im Oktober 2007 musste die Firma bereits 20 Millionen Dollar (etwa 15 Millionen Euro) Strafe zahlen für ein Ölunglück in der Prudhoe Bay in Alaska. Dort hatte BP Warnungen seiner eigenen Arbeiter ignoriert: Sie hatten Schäden an einer Öl-Pipeline bemerkt, die durch eine sehr zerbrechliche und artenreiche Umwelt führte. Im März 2006 wurde in der Pipeline ein etwa sechs Millimeter großes Loch entdeckt. Mehr als 750 000 Liter Öl liefen aus. Die BP-Niederlassung in Alaska wurde für drei Jahre auf Bewährung gesetzt.

Das Unternehmen bohrt übrigens nicht nur Löcher in den Meeresboden vor Nordamerika, sondern auch in der Nordsee, einem historischen, aber stark überfischten Gebiet.

WENN DIE MENSCHEN NICHT ANFANGEN, WENIGER ÖL ZU VERBRAUCHEN, UND STATTDESSEN AUF ALTERNATIVE ENERGIEN WIE WIND- UND SOLAR-KRAFT ZURÜCKGREIFEN, DANN WIRD ES IN DEN OZEANEN MIT SICHERHEIT ZU WEITEREN SOLCHER KATASTROPHEN KOMMEN.

Experten sagen voraus, dass die leicht erreichbaren Ölquellen an Land und unter Wasser bald zur Neige gehen werden. Dann werden die Firmen immer riskantere Wege gehen, um weiter an Öl zu gelangen. Und wenn das von den Regierungen nicht verboten wird, bedeutet das nicht nur mehr Ölbohrungen vor den Küsten, sondern auch Bohrungen in sehr empfindlichen Ökosystemen wie der Arktis – und an Orten, an denen Unfälle viel eher passieren können.

Eine der größten Entdeckungen in jüngster Zeit ist ein Ölfeld in etwa 1600 Meter Tiefe vor der Küste Brasiliens. Seine riesigen Ölmengen müssen nicht nur aus einer enormen Tiefe an die Oberfläche gefördert werden. Zusätzlich ist der Meeresboden sehr salzig, sandig und steinig und damit nicht besonders stabil. Das heißt, ein Bohrloch könnte großen Schaden anrichten. Und darum ist es sehr viel wahrscheinlicher, dass dort bei der Ölförderung ein Unfall passiert als zum Beispiel im Golf von Mexiko. Und selbst da ist einer passiert.

ABER NICHT NUR DIE GROSSEN ÖLUNFÄLLE haben katastrophale Auswirkungen auf die Ökosysteme der Meere. Einige der tödlichsten Schadstoffe, die immer wieder in die Gewässer geraten, sind schwer wieder herauszufiltern. Dazu gehören Quecksilber und polychloriertes Byphenyl, auch bekannt unter der Abkürzung PCB. Es wird oft in der Herstellung von elektrischen Geräten, Farben, Motoröl, Plastik, Bodenbelägen und vielen anderen Haushaltswaren verwendet.

In vielen Industrieländern, auch in Deutschland, gelangten diese Stoffe als Abfallprodukte immer wieder in die Landschaft und über Bäche und Flüsse auch in die Meere. Deutschland verbot die Herstellung und Verwendung von PCB in den 1980er Jahren.

Weltweit ist es aber erst seit 2001 nicht mehr erlaubt. Doch da sich PCB im Gegensatz zu Naturstoffen nicht abbaut, ist die Umwelt auch heute noch dadurch belastet.

Und nicht alle Firmen halten sich an das Verbot. Noch immer werden Abfälle mit PCB illegal von Fabriken mitten in der Natur entsorgt. Oder von Käufern, die ihre PCB-belasteten Produkte lieber in den Wald werfen, statt sie zur Müllkippe zu fahren. Und selbst auf den Müllkippen passiert es manchmal, dass Giftstoffe durch Löcher und Lecks in den Schutzplanen in den Boden gelangen. PCB kann durch das Erdreich, Luft und Wasser in der ganzen Welt verbreitet werden.

DIESE GIFTE WERDEN MIT DER NAHRUNG VON DEN KLEINSTEN TIEREN AUFGENOMMEN. DANN FRESSEN DIE GRÖSSEREN TIERE DIE KLEINEREN UND DAMIT AUCH DAS GIFT. UND WEIL SIE IMMER EINE GANZE MENGE KLEINERER TIERE AUF EINMAL FRESSEN, NEHMEN SIE AUCH GROSSE MENGEN SCHADSTOFFE IN IHRE KÖRPER AUF.

Je höher man also in der Nahrungskette geht, desto stärker ist die Konzentration der Gifte in jedem einzelnen Tier. Der größte Fisch wird große Mengen belasteter kleinerer Fische verspeist haben. Und so ist der große Fisch eine ungesunde Nahrungsquelle für den nächsten in seiner Nahrungskette – für uns.

VERSCHIEDENE GIFTIGE METALLE WIE QUECKSILBER, CHROM UND BLEI SIND EBENFALLS IN DIE OZEANE UND DIE NAHRUNGSKETTEN GELANGT – AUF ÄHNLICHEN WEGEN WIE DAS PCB.

Diese drei Metalle zählt man in der Chemie zu den Elementen des Periodensystems. In eurer Schule hängt es wahrscheinlich als großes Poster im Chemieraum. Insgesamt 118 Elemente sind darauf zu finden. Die meisten der schädlichen Metalle wie Quecksilber, Chrom und Blei sind schon seit Tausenden von Jahren bekannt und werden ebenso lange von den Menschen genutzt. Doch erst vor relativ kurzer Zeit haben wir verstanden, dass wir von solchen Materialien vergiftet wurden, weil sie sich in Rohren, unserem Geschirr oder Kochtöpfen befanden.

Ist einer der Stoffe erst in die Umwelt gelangt, wird man ihn kaum wieder los. Denn Elemente wie Blei können in keine weiteren Einzelteile mehr abgebaut werden. Blei besteht nur aus Blei, nichts anderem.

Ein Beispiel: Wasser hat mehrere Bestandteile, nämlich Wasserstoff und Sauerstoff. Beides sind Elemente, im Periodensystem bekannt als die Elemente H (Wasserstoff) und O (Sauerstoff). Sie verbinden sich zu Wasser – oder wie der Chemiker sagt, zu H_2O.

Unser Speisesalz kann aufgespalten werden in die Elemente Natrium (Na) und Chlor (Cl) – aber nicht weiter. Auf der Ebene des Elements ist Schluss.

Einige Studien haben gezeigt, dass manche Kinder, die in der Schule Lernschwierigkeiten haben, einen hohen Quecksilbergehalt in ihrem Körper haben. Vermutlich, weil sie zu viel Fisch gegessen haben, der mit Quecksilber belastet war. Schwangeren Frauen wird daher davon abgeraten, große Fische wie Thunfische zu essen. Sie könnten dadurch zu viel Quecksilber aufnehmen und die Entwicklung des Kindes im Mutterleib gefährden. Das ist schade, denn eigentlich gilt Fisch wegen seines hohen Eiweißgehalts als sehr gesund für den Menschen.

Die Gifte haben aber auch starke Auswirkungen auf die Fischbestände. Man vermutet – Studien dazu fehlen noch –, dass die Metalle ihre Fähigkeit zur Fortpflanzung schwächen.

Quecksilber, PCB und die Nebenprodukte von Rohöl gelten in den Medien als größte Meeresverschmutzer. Aber auch große Mengen anderer Schadstoffe belasten die Ozeane. Schleichend und nahezu unbemerkt hat sich Chrom zu einem echten Problem entwickelt.

Chrom kennt ihr als die glänzenden Teile an Motorrädern und Autos, Küchengeräten und Werkzeugen und vielem mehr. Es glänzt von Natur aus, ist hart und sehr robust.

Chrom ist genau wie Quecksilber ein chemisches Element, im Periodensystem unter der Abkürzung Cr zu finden. Es wurde aber nicht schon vor Tausenden von Jahren entdeckt, sondern erst 1797. Chrom kann eine schön glänzende Oberfläche bilden, ist hart und zersetzt sich nicht so schnell. In über 2 300 Jahre alten Grabstätten in China haben Archäologen Waffen aus Bronze gefunden, die kaum verrostet waren. Der Grund dafür: Die bronzenen Spitzen der Armbrustbolzen und Schwerter waren an den Seiten mit Chrom beschichtet. Diese Eigenschaften machen das Metall für die Industrie sehr wertvoll. Stahl wird damit überzogen, um ihn rostfrei zu machen. Wandfarben bekommen dadurch ihre Farb- und Deckkraft. Weil es glänzt, wird Chrom gerne für Autoteile, Armaturen in Wasch- und Spülbecken und Möbel verwendet. Messer, Textilfarben, Flugzeugmotoren, Tonbänder, Benzin – auch hier ist Chrom drin. Ebenso wird es genutzt, um Holz vor Termiten zu schützen und um Leder zu härten.

Die Farbe, die man für die berühmten gelben amerikanischen Schulbusse benutzt, enthält Chrom. Auch die deutschen Postautos wurden früher mit so einem Chromgelb lackiert. Und in allen grünen Glasflaschen steckt es, denn es färbt Glas. Kurz gesagt, in so ziemlich allem, was auf der Erde hergestellt wird, steckt ein bisschen Chrom. Und dadurch ist es leider auch in den Meeren gelandet, der Endstation für alle industriellen Schadstoffe. Selbst die Experten, die die Verschmutzung in den Meeren erforschen, waren von der großen Menge Chrom darin überrascht.

Man geht dennoch davon aus, dass der menschliche Körper winzige Mengen von Chrom (nicht mal ein Gramm) benötigt, um den Blutzuckerspiegel zu regeln. In großen Mengen ist es aber auf jeden Fall ungesund. Es kann Schäden an Nieren, Leber und Blutzellen verursachen und sogar zu Krebs führen. Diese möglichen Folgen gerieten bei den meisten Menschen erst durch einen Kinofilm im Jahr 2000 ins Bewusstsein. Der Film mit Julia Roberts in der Hauptrolle hieß *Erin Brockovich* und basierte auf einer wahren Geschichte, die in Kalifornien geschehen war. Dort wurde eine ganze Gemeinde vergiftet, weil Chrom aus einer Fabrik ins Grundwasser geriet.

Wie Produkte, die Chrom enthalten, wirken können, haben Forscher an Hamstern getestet. Dabei zeigte sich, dass ihr Erbgut dadurch Schaden genommen hatte. Meeresbiologen haben außerdem herausgefunden, dass Chrom auch die DNA von Fischen verändern kann. DNA ist die chemische Bezeichnung für unser Erbgut. Die Abkürzung steht für Desoxyribonukleinsäure. Sie findet sich in einer exakten Kopie in jeder unserer Körperzellen und bildet die Anleitung für die Entwicklung und Funktionsweise jedes lebenden Organismus – egal ob Pilz, Pflanze, Bakterie oder Mensch.

VERÄNDERUNGEN IN DER DNA SIND DER SCHLÜSSEL DER EVOLUTION. SIND DIE VERÄNDERUNGEN FÜR EIN LEBEWESEN VON VORTEIL, ÜBERLEBT ES, PFLANZT SICH FORT UND BILDET MANCHMAL SOGAR EINE VOLLKOMMEN NEUE ART. SO WAS PASSIERT NICHT VON HEUTE AUF MORGEN, SONDERN BRAUCHT AUCH MAL TAUSENDE ODER MILLIONEN JAHRE. SIND DIE VERÄNDERUNGEN IN DER DNA FÜR EIN LEBEWESEN ODER EINE ART ABER VON NACHTEIL, ZIEHT DIE NATUR SCHNELL KONSEQUENZEN DARAUS – DURCH DEN TOD DES INDIVIDUUMS UND EVENTUELL SOGAR DURCH DAS AUSSTERBEN DER GANZEN ART.

ES GIBT STARKE HINWEISE DAFÜR, DASS DNA-SCHÄDEN BEI FISCHEN DIE FÄHIGKEIT EINSCHRÄNKEN, NACHWUCHS ZU ZEUGEN. DADURCH KÖNNTEN FISCHARTEN AUS DEN MEEREN SOGAR VERSCHWINDEN, SELBST WENN WIR SIE GAR NICHT ÜBERFISCHEN.

AILA HEIRATETE UND WURDE SELBST MUTTER EINES KLEINEN MÄDCHENS. ZU DRITT LEBTEN SIE AUF HAWAII, SO NAH AM KINGMANRIFF WIE MÖGLICH.

HAWAII

AILA, HAST DU BEMERKT, DASS HIER KEINE ECHSEN MEHR HERUMKRIECHEN?

SIE WAREN DOCH FRÜHER ÜBERALL BEI UNS IM HAUS!

UND WENN ICH SO DARÜBER NACHDENKE, HAB ICH AUCH DRAUSSEN KAUM NOCH WELCHE GESEHEN.

UND AUF DIESEN BÄUMEN KRABBELTEN DOCH IMMER JEDE MENGE KÄFER UND ANDERES UNGEZIEFER HERUM.

WO SIND SIE HIN?

UND WO SIND ALL DIE VÖGEL?

WAS IST LOS, AILA?

OH NEIN! JETZT PASSIERT ES AUCH AN LAND.

FORTSETZUNG FOLGT ...

KAPITEL 10

WIE DER KLIMAWANDEL FISCHE TÖTET

„Das Klima hat ferner einen wesentlichen Anteil an der Bestimmung der durchschnittlichen Individuenzahl einer Art."
—Charles Darwin, ÜBER DIE ENTSTEHUNG DER ARTEN

Im vergangenen Jahrhundert hat sich die Durchschnittstemperatur auf der Erde um 0,6 bis 0,9 Grad erhöht. Es scheint, dass sie beständig langsam höhergeklettert. Die meisten Wissenschaftler sind sich darüber einig, **dass ein Anstieg von zwei Grad schlimme Folgen haben würde.** Die Polarkappen würden schmelzen, und der Meeresspiegel würde so weit steigen, dass viele Küsten, Häfen und Städte am Wasser überschwemmt werden würden.

ALS HAUPTGRUND FÜR DIESEN TEMPERATURANSTIEG gelten Treibhausgase wie Kohlendioxid, Methan, Stickstoffoxid und Ozon. Sie kommen zum einen in der Natur vor und schwirren durch die Erdatmosphäre. Dort halten sie Wärme fest, die sonst ins Weltall entweichen würde. So bleibt es auf der Erde erträglich warm – ähnlich wie in einem Gewächshaus. Ohne diese Gase wäre es für die meisten Lebewesen hier viel zu kalt. Aber seit etwa 200 Jahren fügen die Menschen den natürlich vorkommenden Treibhausgasen noch große Mengen hinzu – besonders durch das Verbrennen von Kohle und Öl in der Industrie. Hinzu kommt, dass seit Jahrhunderten überall auf der Welt Wälder gerodet werden. Oft werden die Wälder dafür in Brand gesteckt. Dabei entsteht Kohlendioxid. Und gleichzeitig gibt es dadurch viel weniger Bäume, die Kohlendioxid aus der Luft aufnehmen, um daraus Zucker herzustellen und die Luft wieder zu säubern.

Durch die größeren Mengen Treibhausgase wird die Erde nun zu warm für einige Lebewesen. Ein bekanntes Beispiel dafür ist der Eisbär, der seinen Lebensraum in der Arktis verliert, weil das Eis dort schmilzt. Dieses Problem ist uns Menschen sehr vertraut, denn die (möglichen) Folgen des Klimawandels für unsere eigene biologische Klasse, die Säugetiere, sind gut erforscht.

Was die globale Erwärmung aber für die Fische bedeutet, wissen wir Menschen bisher noch kaum. Eine amerikanische Studie hat gezeigt, dass manche Fischarten nach Norden ziehen, um dort kältere Gewässer zu finden: Subarktische Fische schwimmen bis in die Arktis. Fische aus Gewässern mit gemäßigten Temperaturen versuchen ihr Glück nun in der Subarktis – die Zone genau zwischen ihrer alten Heimat und der sehr kalten Arktis. In diese gemäßigten Zonen ziehen nun die subtropischen Fische, und die tropischen Fische wandern wiederum in die Subtropen.

Das sind besonders schlechte Nachrichten für die tropischen Gebiete der Erde: Sie haben eine große, aber sehr empfindliche Artenvielfalt. Korallenriffe in den Tropen zum Beispiel sterben bei zu stark steigenden Temperaturen. Aber anders als Fische sind sie fest verankert und können nicht auswandern!

Viele Menschen glauben, dass die tropischen Meere so artenreich sind, weil es dort so kuschlig warm ist – und weil es in diesen Gebieten auch an Land eine große Vielfalt gibt – zum Beispiel in den Regenwäldern. Aber in Wahrheit sind die kälteren Gewässer viel fischreicher als die wärmeren, denn:

FISCHE FÜHLEN SICH IN KALTEM WASSER WOHLER. DIE ERWÄRMUNG DER MEERE IST FÜR SIE ALSO EIN GROSSES PROBLEM.

UND: DAS EIS, DAS AN DEN POLARKAPPEN LANGSAM SCHMILZT, IST SÜSSWASSER. DA DIE MEERE ABER AUS SALZWASSER BESTEHEN, VERDÜNNEN DIE NUN FLÜSSIGEN EISBERGE, GLETSCHER UND SCHOLLEN ES – DER SALZGEHALT SINKT.

Wir wissen, dass die meisten Meeresfischarten nicht nur eine bestimmte Temperatur in ihrem Lebensraum bevorzugen, sondern auch einen bestimmten Salzgehalt. Oder wie die Experten sagen: eine Salinität. Die richtige Menge Salz ist also sehr wichtig für das Überleben eines Fischs.

Es ist auch bekannt, dass eine Veränderung der Temperatur viele Arten dazu bringen kann, sich fortzupflanzen. Sie wissen dann instinktiv, dass die richtige Jahreszeit dafür erreicht ist. Ändern sich durch den Klimawandel aber nun Temperatur und Salinität in höherem Maße, verwirrt das viele Fische. Sie wissen nicht mehr, welche Jahreszeit herrscht. Manche Arten haben deshalb sogar aufgehört, Nachkommen zu zeugen.

Außerdem gibt es Hinweise dafür, dass durch die Erderwärmung große Mengen Kohlendioxid bis in die Tiefen der Meere gelangt sind. Einige Studien zeigen, dass dieser Stoff die Wachstumsrate der Fische verringern kann – und mit ihr die Größe und Menge ihrer Eier.

UND WENN AUCH NUR EINE FISCHART DADURCH AUSSTIRBT ODER SICH VERKLEINERT, DANN WISSEN WIR DANK DARWIN, DASS DIES FOLGEN FÜR VIELE ANDERE ARTEN IM WASSER, IN DER LUFT UND AN LAND HABEN KANN.

DIE GESCHICHTE VON NOAH UND AILA: ELFTER TEIL

AILA BESUCHTE MIT IHRER FAMILIE NOCH EINMAL IHRE ALTEN FREUNDE FERNANDO, FRANKY UND SAMMY.

WOHER KENNST DU FRANKY UND SAMMY, MAMA?

ALS ICH NOCH EIN KLEINES MÄDCHEN WAR, SO WIE DU JETZT, DA HAT GROSSVATER MICH IMMER ZUM FISCHEN MIT- GENOMMEN.

SIE MÜSSEN WIRKLICH GUTE FISCHER SEIN, UM IMMER NOCH DAVON LEBEN ZU KÖNNEN.

SIE SIND ⋯ EINFALLSREICH.

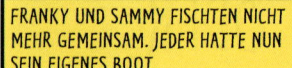

FRANKY UND SAMMY FISCHTEN NICHT MEHR GEMEINSAM. JEDER HATTE NUN SEIN EIGENES BOOT.

WER HÄTTE DAS GEDACHT? DIE LEUTE ESSEN VON TAG ZU TAG MEHR QUALLEN- FLEISCH.

UND WAS MACHT SAMMY JETZT?

ICH JAGE MEERESSCHILDKRÖTEN, DIE BIS ZU 450 KILO WIEGEN!

IST DAS NICHT SUPER? LEDERSCHILDKRÖTEN WAREN AUS DIESER GEGEND SCHON LANGE VOR UNSERER ZEIT VERSCHWUNDEN. ABER JETZT SIND SIE WIEDER DA!

DIE NATUR KANN MAN EBEN NICHT ZERSTÖREN.

WAS HAT SIE DAZU GEBRACHT ZURÜCKZU- KOMMEN?

DIE QUALLEN. SIE SIND IHRE LIEBLINGSSPEISE.

HEY, LASST UNS HEUTE ABEND DOCH ALLE BEI LEO ESSEN GEHEN. DA GIBT'S GROSSARTIGE SCHILDKRÖTEN- STEAKS, SCHILDKRÖTENSUPPE, QUALLENSALAT ⋯

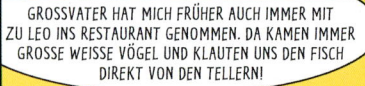

GROSSVATER HAT MICH FRÜHER AUCH IMMER MIT ZU LEO INS RESTAURANT GENOMMEN. DA KAMEN IMMER GROSSE WEISSE VÖGEL UND KLAUTEN UNS DEN FISCH DIREKT VON DEN TELLERN!

MAMA?

WAS IST DENN EIN FISCH?

ENDE

KAPITEL 11

ES IST ZEIT

AUFZUWACHEN

„Aus der Vergangenheit schließend dürfen wir getrost annehmen,
dass nicht eine der jetzt lebenden Arten ihr unverändertes Abbild
auf eine ferne Zukunft übertragen wird. Überhaupt werden von den
jetzt lebenden Arten nur sehr wenige durch Nachkommenschaft
irgendwelcher Art sich bis in eine sehr ferne Zukunft fortpflanzen;
denn die Art und Weise, wie die organischen Wesen im System gruppiert sind,
zeigt, dass die Mehrzahl der Arten einer jeden Sippe und alle Arten
vieler Sippen früherer Zeiten keine Nachkommenschaft hinterlassen haben,
sondern gänzlich erloschen sind."
—Charles Darwin, ÜBER DIE ENTSTEHUNG DER ARTEN

ALLE ARTEN VERÄNDERN SICH IM LAUFE DER ZEIT – DURCH MUTATIONEN IN IHREM ERBGUT, DER DNA. MANCHE, WIE BAKTERIEN, BRAUCHEN DAFÜR MITUNTER NUR MONATE. BEI ANDEREN DAUERT ES MILLIONEN VON JAHREN. MANCHMAL ENTSTEHEN DABEI SOGAR GANZ NEUE ARTEN – UND DIE ALTEN VERSCHWINDEN.

DIE HEUTIGEN VÖGEL sind zum Beispiel Nachfahren der Dinosaurier. Auch dieser Entwicklungsprozess hat Millionen Jahre gedauert. Kein Lebewesen konnte dabei zusehen, wie aus einem Brontosaurus eine Amsel wurde.

Doch die Veränderungen in der Umwelt, die wir Menschen durch unser Handeln heute verursachen, können wir ganz genau beobachten. Sie geschehen in sehr kurzen Zeiträumen. Wir haben eine Mitschuld am Aussterben vieler Arten und arbeiten ganz nebenbei – und ohne es zu wollen – auf unsere eigene Ausrottung hin.

Es ist allgemein bekannt, dass wir etwas dagegen tun müssen. Aber ob wir es wohl schaffen, uns auf eine Strategie zu einigen? Die Fischer gehören zu den lautstärksten Gruppen, die sich gegen Umweltverschmutzung und die globale Erwärmung einsetzen. Sie versuchen allen klarzumachen, dass die Probleme der Fische nicht allein dadurch gelöst werden, dass man über die Kontrolle der Fischerei nachdenkt.

Andere Umweltschützer bezeichnen weiterhin die Überfischung als die Wurzel allen Übels. Wenn man schon bei den Gründen für die Probleme der Ozeane nicht übereinstimmt, wie soll man dann zusammen kämpfen?

DIE WAHRHEIT IST: Beide Seiten haben recht. Zwar hat man große Fortschritte dabei gemacht, die Fischerei mit Quoten besser zu kontrollieren und Überfischung zu vermeiden. Aber dennoch gibt es Fischfirmen, die das umgehen wollen. Sie suchen auf der ganzen Welt Gewässer und Fanggründe, die von sehr armen Ländern kontrolliert werden. Dann zahlen sie den Ländern Geld, um frei und ohne Einschränkungen bei ihnen fischen zu dürfen. So zerstören die großen Fischereien der reichen Länder die Küstengewässer der armen.

Im Jahr 1950 wurden 90 Prozent aller Fische noch auf der Nordhalbkugel der Erde gefangen. Heute sind einige der produktivsten Fanggründe der Welt auf der Südhalbkugel zu finden, zum Beispiel vor Peru oder einigen Ländern Afrikas. Das liegt nicht an den einheimischen Fischern. Die Länder aus dem Norden senden ihre Fischereiflotten aus den eigenen erschöpften Gewässern nach Süden, um auch dort die Meere auszubeuten. Dafür zahlen sie zwar Geld an die Regierungen der südlichen, oft sehr armen Länder – aber nicht viel.

Die Menschen vergessen einfach immer wieder und zu schnell, dass die Natur nach ihren eigenen Gesetzen arbeitet. Wir können die Fehler, die wir machen, vielleicht erkennen und versuchen sie auszubessern. Aber darauf wartet die Natur nicht. Sie füllt die Lücken, die wir entstehen lassen, selber wieder auf. Wenn eine Art in einem Gebiet selten wird, wird über kurz oder lang eine andere Art ihren Platz einnehmen, die die gleiche Nahrung frisst. Und dann gibt es für die alte Art nicht mehr genug Futter, um jemals zurückzukehren.

IN DEN OZEANEN UNSERER ERDE TÖTEN WIR DIE ARTEN, DIE WIR EIGENTLICH AM MEISTEN SCHÄTZEN – WENN AUCH NUR ALS ESSEN AUF UNSEREN TELLERN.

Sie werden dann von Arten ersetzt, die wir oft kaum kennen und mit denen wir nichts anzufangen wissen. In den toten Zonen der Meere zum Beispiel, in denen übermäßiger Planktonbefall dem Wasser den ganzen Sauerstoff raubt, können nur noch Bakterien und Organismen leben, die keinen Sauerstoff brauchen. Die Fische, die dort einst zu Hause waren, sind längst verschwunden.

ALS SÄUGETIERE SIND WIR BESSER DARIN, ANDERE SÄUGETIERE ZU BESCHÜTZEN ALS FISCHE.

So haben wir zum Beispiel die Robbenjagd auf der Welt stark eingeschränkt. Und das hat sich auf den ersten Blick gelohnt: Die Zahl der Robben ist gestiegen. Aber: Robben fressen Kabeljau – und der ist ja durch die Fischerei sowieso schon stark gefährdet. Die zusätzlichen Robben verringern die Kabeljaubestände also noch mehr – bis sie nicht mehr genug zu fressen haben. Daran hatten die Menschen nicht gedacht.

Hunderte Kegelrobben aus Neufundland sind umgezogen in den Hafen Chatham in Cape Cod, um dort weiter nach Kabeljau zu suchen. Wissenschaftler glauben, dass die Robben dort früher schon einmal gelebt haben, als es noch reichlich Kabeljau gab und sie selbst noch nicht von den Menschen gejagt wurden.

Ihre Rückkehr in den Hafen sorgte nicht nur dafür, dass die Kabeljauzahlen dort noch weiter zurückgingen. Die Robben lockten ungewollt auch Feinde nach Chatham, die atlantischen großen Weißen Haie. Sie fressen die Robben. All das war nicht die Absicht der Menschen, als sie die Robbenjagd verboten. Aber sie hatten fälschlicherweise gedacht, sie könnten die Natur kontrollieren.

OSTPAZIFISCHER DELFIN
(Stenella longirostris)

Experten schätzen, dass bis zum Jahr 1972 zwei Millionen Delfine als Beifang in den Netzen von Thunfisch-Fischern gelandet sind. Erst dann verabschiedete die US-amerikanische Regierung ein Gesetz dagegen. Es besagt, dass in den USA keine Meeressäugetiere mehr gefangen oder verkauft werden dürfen. Dennoch gilt beispielsweise der Bestand des Ostpazifischen Delfins als erschöpft. Es gibt nicht mehr genug Tiere, die sich nachhaltig fortpflanzen könnten. Und es ist schwer zu kontrollieren, ob sich die Fischer an das Gesetz halten. Bei uns in Europa wurde versucht, durch das Verbieten besonders großer Treibnetze den versehentlichen Fang von Delfinen zu verhindern – ohne großen Erfolg. In der Nordsee verenden neben Delfinen besonders häufig Schweinswale als Beifang, berichten Umweltorganisationen.

Im tropischen Ostpazifik – von San Diego im Norden bis Peru und Hawaii weiter südlich – schwimmen Gelbflossen-Thunfische gemeinsam mit Delfinen. Wir wissen nicht genau, warum sie das tun. Thunfisch-Fischer haben lange Zeit viele der Delfine als Beifang an Deck gebracht. Erst als es deshalb einen öffentlichen Aufschrei von säugetierliebenden Umweltschützern gab, wurde das Delfinfangen verboten. Trotzdem ist die Zahl der Delfine in der Region nicht wieder angestiegen.

Nach Meinung der Experten liegt es daran, dass der Gelbflossen-Thunfisch weiterhin in großen Mengen gefangen wird, die Delfine ihn aber zum Überleben brauchen. Einige Wissenschaftler denken, dass die Thunfische die Delfine vor Feinden warnen. Andere meinen, dass die Delfine die Thunfische zu den kleinen Fischen führen, die beide Arten gerne fressen. Wiederum andere meinen: Sie könnten auch gemeinsam Seevögeln folgen, die ihnen anzeigen, wo es was zu fressen gibt. Das bedeutet, die Fische und die Delfine scheuchen beim Schwimmen durchs Wasser kleinere Fische an die Wasseroberfläche. Um diese dann oben zu finden, verlassen sie sich auf die Geräusche der Vögel, die sich auf die Fische hinabstürzen.

Der Gelbflossen-Thunfisch, die Delfine und Vögel sind nur ein Beispiel dafür, wie nicht nur verschiedene Arten, sondern auch verschiedene biologische Klassen aufeinander angewiesen sind. Jetzt, da wir dieses Gleichgewicht der Natur durch unser Handeln gestört haben, WIRD ES SEHR SCHWIERIG, DAS SYSTEM WIEDER IN ORDNUNG ZU BRINGEN.

WAS KÖNNEN WIR ALSO TUN?

WIR KÖNNTEN AUFHÖREN, FISCH ZU ESSEN.

Aber dann würden wir uns nur selbst eine sehr gesunde Nahrungsquelle wegnehmen. Und die Fischer, die sich bemühen, nachhaltig zu fischen, hätten keinen Anreiz mehr dafür. Also sollten wir besser nur genau solchen nachhaltig gefangenen Fisch essen. Die gute Nachricht ist, dass diese Fische in der Regel die beste Qualität haben, weil gut mit ihnen umgegangen wurde. Die Frage ist nur: Woran erkennt man, ob der Fisch im Laden von einer guten Fischerei stammt oder nicht?

NEHMT EUCH IN ACHT VOR FISCHEN,

die sehr günstig angeboten werden. Billiger Fisch wurde meist ohne Sorgfalt gefangen.

VORSICHT BEI MODEFISCHEN,

also solchen, die urplötzlich in jeder Fischtheke liegen. So war es beim Granatbarsch, den ihr in Kapitel 3 kennengelernt habt – oder auch beim Roten Trommler: 1981 erfand der Koch der Restaurantkette Louisiana, Paul Prudhomme, ein Rezept für geschwärzten Fisch. Dabei werden erst verschiedene Gewürze auf ein Trommler-Fischfilet gerieben, und dann wird es schnell in eine sehr heiße gusseiserne Pfanne gelegt, sodass es von außen schwarz wird, innen aber saftig bleibt. Vorher war der Rote Trommler ein eher unbeliebter Fisch aus dem Golf von Mexiko. Aber plötzlich wollte jeder ihn essen. In weniger als zehn Jahren stieg der jährliche Fang im Golf von rund 1,5 Millionen Pfund auf 6,3 Millionen.

Regierungsbehörden griffen ein, um die erlaubten Fänge einzuschränken. Und auch der Koch Paul Prudhomme startete eine Kampagne zur Rettung des Trommlers. So konnte ein totaler Zusammenbruch des Bestandes gerade noch verhindert werden.

Ein weiterer solcher Fall betrifft den Schwarzen Seehecht, ein einst unbekannter Fisch, der plötzlich auf Speisekarten in der ganzen Welt stand. Ein Grund für seine fehlende Bekanntheit war, dass er in den Gewässern der Südhalbkugel unserer Erde lebt. Und dort begann das große Geschäft mit der Fischerei erst vor einigen Jahrzehnten.

SCHWARZER SEEHECHT
(Dissostichus eleginoides)
Der Schwarze Seehecht kann über zwei Meter lang werden und auch ziemlich alt, bis zu 50 Jahre. Seine natürlichen Feinde sind neben den Menschen zum Beispiel See-Elefanten und Pottwale.

Genau wie der Granatbarsch wächst der Schwarze Seehecht nur sehr langsam heran und pflanzt sich erst sehr spät in seinem Leben fort. Darum ist es leicht, ihn zu überfischen – weil viele Tiere gefangen werden, bevor sie Nachwuchs zeugen konnten. Zwar gelingt es einigen Fischereien, den Hecht nachhaltig zu fischen, aber im Allgemeinen ist er völlig überfischt. Versuche, die Bestände zu schützen, führten nur dazu, dass viele Fischer in den Gewässern nahe der Antarktis auf die Jagd nach ihm gingen. Diese Fanggründe können von den Behörden nur schwer kontrolliert werden.

Um den Schwarzen Seehecht zu fangen, nutzen die Fischer vor allem kilometerlange Leinen mit Tausenden Haken, die sie unter der Wasseroberfläche durchs Meer ziehen. Darin verfangen sich nicht nur die Fische, sondern auch Albatrosse, eine bedrohte Vogelart. Sie und andere Vögel halten die Haken für Nahrung oder stürzen sich auf die Fische herab, die bereits am Haken hängen. Anschließend kommen sie nicht mehr los und ertrinken.

WENN WIR AUS DIESEN BEISPIELEN UNSERE LEHREN ziehen, sehen wir: Wir sollten unseren Speisefisch verantwortungsbewusst kaufen und essen. Aber woher wissen wir, welche Tiere nachhaltig gefangen wurden und welche auf zerstörerische Weise?

Viele Organisationen veröffentlichen Listen von Fischarten, die man essen kann, und solchen, auf die man lieber verzichten sollte. Leider haben die Menschen, die diese Listen erstellen, nicht immer alle notwendigen Infos, um das ausführlich zu entscheiden. Es geht nicht nur darum, welche Fischart man essen darf – nach dem Motto: Schellfisch ist gut, und Schwertfisch ist schlecht. Man muss unterscheiden zwischen den Schellfischen, die in einem Schleppnetz gefangen worden sind, und denen, die an einer Langleine angebissen haben. Zwischen Leinen mit nur zwei Haken oder solchen mit 50 Haken. Zwischen Fischen, die in einem Netz gelandet sind, und solchen, die mit der Harpune erlegt wurden. Um die Fangmethoden der unzähligen Fischereien in der ganzen Welt zu prüfen, braucht man Hunderte Mitarbeiter und Experten. Außerdem würde eine einzelne Kontrolle eines Fischereibetriebs nicht reichen. Die Kontrolleure müssten mehrmals im Jahr wiederkommen, um sicher zu sein, dass die Methode nicht verändert wurde und die Umweltbedingungen im dortigen Gewässer gleich geblieben sind.

Eine nachhaltig arbeitende Fischereifirma zu boykottieren, weil sie den gleichen Fisch verkauft, der von anderen Firmen auf schlechte Art und Weise gefangen wird, wäre deshalb Unsinn. Es wäre unfair denen gegenüber, die sich Mühe geben und keine Kosten scheuen, um ihre Methoden zu verbessern und umweltschonend zu fischen. Warum sollten sie es dann noch tun?

Es gibt einige Organisationen, die bei der Auswahl des richtigen Fischs helfen. Sie arbeiten mit Fischern und Wissenschaftlern zusammen, um die Fischbestände in den Ozeanen zukünftig besser überwachen zu können. Und um mehr Fischer dazu zu motivieren, nachhaltig zu fischen.

MARINE STEWARDSHIP COUNCIL
www.msc.org

Diese Organisation wurde 1997 gegründet. Zum einen von der bekannten Umweltschutzgruppe WWF (World Wide Fund For Nature) – zum anderen von dem Unternehmen Unilever, einem Großverkäufer für Meeresfrüchte und Fische. Ihre gemeinsame Idee war es,

Wenn ihr dieses Logo auf einer Verpackung seht, dann könnt ihr beruhigt zugreifen. Das Produkt stammt aus nachhaltiger Fischerei!

Anreize für die nachhaltige Fischerei zu schaffen – und ihr einen höheren Stellenwert in der Fischindustrie zu verschaffen. Und das mit Erfolg. Fischereien in aller Welt verpflichten sich mittlerweile freiwillig, vom MSC regelmäßig überprüft zu werden und sich an die strengen Vorgaben der Organisation zu halten. Je nach Aufwand der Prüfung zahlen die Firmen dafür sogar zwischen 11 000 und 90 000 Euro. Wird die Fischerei dann vom MSC als nachhaltig anerkannt – offiziell heißt es zertifiziert –, dann dürfen ihre Verpackungen das blaue MSC-Ökologo tragen. Dank des Logos kann jeder Verbraucher im Supermarkt sehen, dass er diesen Fisch kaufen kann, ohne der Umwelt zu schaden.

Die Arbeit des MSC ist sehr wichtig. Einerseits gibt es dem Käufer im Laden die Möglichkeit, die Herkunft des Fischs einfach zu überprüfen. Andererseits werden damit die Fischer belohnt, die sich anstrengen, die Bedingungen des MSC zu erfüllen. Seit dem Jahr 2000 sind weltweit über 100 Betriebe zertifiziert worden. Das zeigt: Die Zahl der Fische, die unter guten Bedingungen gefangen werden, steigt.

Trotzdem gibt es jede Menge Fischereien, die noch nicht geprüft werden konnten. Und auch die bereits zertifizierten Firmen müssen immer wieder aufs Neue überprüft werden. Sie alle erhalten einmal im Jahr Besuch vom MSC – und alle fünf Jahre wird eine komplett neue Bewertung erstellt. Nur so kann sichergestellt werden, dass die Methoden der Fischerei dauerhaft nachhaltig sind.

Manche der Zertifizierungen des MSC sind aber auch umstritten. So bekam eine Fischerei das Logo, obwohl sie den überfischten Schwarzen Seehecht verkauft. Das hat einige Umweltschützer auf die Palme gebracht. Sie hätten es sinnvoller gefunden zu sagen: „Esst einfach keine Schwarzen Seehechte mehr."

2010 bekam eine Fischergruppe die Zertifizierung, die Krill – das sind die winzig kleinen Meereslebewesen – aus den antarktischen Gewässern sammelte. Die Begründung des MSC dafür war, dass der Bruchteil des Krills, den diese Fischer wegnahmen, keine Gefahr für den ganzen Bestand darstellte. Daraufhin argumentierten die Umweltschützer, dass die Krillernte im Allgemeinen eine ganz schlechte Idee sei und deswegen verboten werden sollte.

MONTEREY BAY AQUARIUM
www.montereybayaquarium.org
Dieses Aquarium in Kalifornien hat ein Beobachtungsprogramm für Fische und Meeresfrüchte. Damit informiert es die Öffentlichkeit darüber, welche Fischarten man essen kann und welche man vermeiden sollte. Es versucht sogar, zwischen umweltverträglich gezüchteten Farmfischen, wie dem Farmfelsenbarsch, und schlecht gezüchteten Tieren zu unterscheiden, wie dem Farmlachs.
Die Angaben des Aquariums sind leicht zu verstehen. Ein Problem ist aber, dass die Mitarbeiter dort einzelne Fischarten als

gut oder schlecht bezeichnen – und dabei mitunter die guten und nachhaltigen Fischereien ungewollt bestrafen, indem sie die dort gefangenen Arten auf die „Schlecht"-Liste setzen.

Seit dem Jahr 2000 gibt das Aquarium regelmäßig eine Taschenbroschüre heraus, die Fischarten in drei Kategorien einteilt: Grün gekennzeichnet sind die Arten, die ohne Bedenken und ohne der Umwelt zu schaden gegessen werden können. Die gelb markierten Fische sollten eher weniger gekauft werden. Die Farbe Rot steht für Fische, die besser nicht genommen werden sollten. 2011 waren schon 35 Millionen dieser Broschüren weltweit im Umlauf. Gedacht sind sie nicht nur für Verbraucher wie uns, sondern auch für Restaurants und Fischhändler.

Die Inhalte der Liste sind Ausgangspunkt für ähnliche Broschüren anderer Organisationen. Die Informationen werden von 15 Leuten – davon 7 Wissenschaftler – immer wieder überprüft. Sie lesen Studien und Berichte und fahren gelegentlich auch auf See, um sich selbst ein Bild zu machen. Zweimal im Jahr gibt es dann ein Update auf der Webseite des Aquariums.

CAPE COD COMMERCIAL HOOK FISHERMEN'S ASSOCIATION
www.ccchfa.org

1991 gründete eine Gruppe von Fischern aus Chatham auf der amerikanischen Halbinsel Cape Cod diese Organisation. Sie beschlossen, Bodenfische wie Kabeljau und Schellfisch zu fangen – aber nur mit Haken und nicht zu langen Leinen. Sie gaben ihrem Fisch sogar einen eigenen Markennamen: Chatham Kabeljau. Bei Auktionen erreichen diese Tiere sehr hohe Preise. Nicht nur, weil sie umweltverträglich gefangen werden, sondern weil die Fischer sorgfältig mit den Tieren umgehen und sie sehr frisch abliefern.

Von dieser Idee hat jeder etwas: Die Fischer können mit weniger Fischen trotzdem mehr Geld verdienen – und die Verbraucher essen gesünder und unterstützen dabei eine Fischerei, die ihr Bestes tut.

THE NATURE CONSERVANCY

www.nature.org

Die kalifornische Naturschutzorganisation TNC zeigt, wie gut es funktionieren kann, wenn Umweltschützer und Fischer zusammenarbeiten. 2004 begann die Nature Conservancy, anderen Fischern ihre Fanggenehmigungen für Schleppnetzkutter abzukaufen. Für viele von ihnen lohnte es sich nicht mehr rauszufahren. Der Verdienst war gering, der Aufwand groß – und so konnten sie mit dem Verkauf ihrer Genehmigungen gut aus dem Geschäft aussteigen. Mit der Zeit hatte die TNC 13 Genehmigungen gekauft. Damit ging sie zur Fischereibehörde ihrer Regierung und bat darum, sich selber kontrollieren zu dürfen. Sie bekam zwar eine jährliche Fangquote, die sie nicht überschreiten durfte – aber wie sie das machte, sollte ihr selbst überlassen werden. Die Behörde stimmte zu – und die TNC verteilte ihre Genehmigungen unter 13 Fischern.

Sieben von ihnen arbeiteten von da an mit Leinen oder Fallen – beides nachhaltige Fangtechniken. Die anderen sechs fuhren weiter mit Schleppnetzen auf See, aber mit sehr leichten, die 20 Minuten statt zehn Stunden unter Wasser bleiben, dabei nur ganz bestimmte Arten einsammeln und den Meeresboden nicht umpflügen.

ES GIBT VIELE INTERESSANTE UND BEWUNDERNSWERTE FORMEN nachhaltiger Fischerei. Vor der Küste der kalifornischen Stadt San Diego wird Weißer Thun gefangen, eine große Thunfischart. Dafür werfen Fischer an einer Stelle eine Menge Köder ins Wasser und locken damit in Windeseile viele Tiere an. Dann müssen die Männer nur noch Haken ins Wasser lassen und die Tiere, die von den Ködern abgelenkt sind, hochziehen – ein sehr nachhaltiger und schonender Ansatz.

Auch beim Schwarzen Seehecht, der stark überfischt ist, gibt es Fischereien, die vernünftig arbeiten. Obwohl einige Einkaufsratgeber eigentlich generell davon abraten, diesen Fisch zu essen, hat eine Fischerei für ihre Seehechte das Logo des Marine Stewardship Council erhalten.

Weil also nicht alles schwarz und weiß, gut oder schlecht ist, ist es wichtig, immer mal wieder Webseiten wie www.msc.org zu besuchen – und nicht immer nur aus einer Perspektive auf eine Fischart oder ein Fischereiunternehmen zu schauen.

Natürlich könnt ihr auch ganz und gar auf gefährdete Arten wie Kabeljau oder Schwarzen Seehecht verzichten. Aber das geht dann zu Lasten der Fischer, die diese Tiere auf die richtige Weise fangen. Bevor man etwas boykottiert oder gegen den Verkauf eines Fischs beim Händler vor Ort protestiert, muss man also sicher sein können, dass dieser Fisch auch tatsächlich aus einer schlechten Fischerei stammt.

Es wäre sogar falsch zu behaupten, dass alle Zucht- und Farmfische verschmäht werden sollten. Auf Atlantischen Lachs aus Farmen sollte man zwar zum Beispiel eher verzichten. Aber neben den schlechten Beispielen gibt es auch einige sehr gut organisierte Süßwasser- oder Schellfischfarmen.

EINIGE ARTEN ABER SIND SO GEFÄHRDET, DASS SIE NIEMALS UND UNTER KEINEN UMSTÄNDEN GEGESSEN WERDEN SOLLTEN.

ESST NIEMALS HAIFISCHFLEISCH!

Haie zeugen nur wenige Nachkommen und werden nur langsam erwachsen und geschlechtsreif. Sie würden eine kommerzielle Jagd nicht überleben.

ESST NIEMALS ROTEN THUN!

Er ist auch unter dem Namen Blauflossen-Thunfisch bekannt und hält sich nicht in einem festen Gebiet des Meeres auf, sondern ist viel in Bewegung und wandert auch in andere Gewässer. Dadurch fällt diese Art in den Kontrollbereich vieler verschiedener Länder – und um eine gemeinsame Regel für seinen Fang einzurichten, müssen die Länder zusammenarbeiten. Das gelingt aber nicht gut – und so ist der Rote Thun kurz vor der Ausrottung.

PROBIERT NIEMALS WALFLEISCH!

Nur noch wenige Länder fangen Wale, zum Beispiel Norwegen oder Japan. Dort wird Touristen häufig Walfleisch angeboten. Zwar sind Wale keine Fische, aber als Meeressäuger haben sie einen wichtigen Platz im Ökosystem der Meere und brauchen Schutz.

Also – was kann und sollte man essen?

Klar ist: Fische aus nachhaltigen Fischereibetrieben sind gut. Und es sollten Arten auf den Teller kommen, die in der Nahrungskette der Meere weiter unter stehen. Die meisten beliebten Speisefische wie Thunfisch oder Lachs sind groß und daher auf einer höheren Stufe der Kette. Deshalb enthalten sie größere Mengen Schadstoffe wie Quecksilber, wie ich in Kapitel 9 erklärt habe.

WAS IST MIT THUNFISCH IN DOSEN?

Dosenthunfisch ist eines der beliebtesten Essen aus dem Meer. Der beste abgepackte Thunfisch ist Weißer Thun aus nachhaltiger Fischerei. Das heißt, er ist mit Leinen statt mit Netzen im Pazifischen Ozean gefangen worden. Auf Thunfisch-Dosen mit solchem Fleisch findet sich auch das blaue Logo des Marine Stewardship Council (MSC). Doch obwohl der Weiße Thun eine umweltverträgliche Wahl ist, ist er nicht auch gleichzeitig eine gesunde Entscheidung. Denn er ist mit 1,20 Metern Länge ein großer Fisch, steht weit oben in der Nahrungskette und ist daher vielfach belastet mit Quecksilber und anderen Schadstoffen.

VIELE KINDER UND ERWACHSENE ESSEN GERNE FISCHSTÄBCHEN. SIND DIE IN ORDNUNG?

Es gibt verschiedene Geschichten darüber, woher die Idee für die Fischstäbchen stammt. Ein paar davon führen in die 1920er Jahre und erzählen, dass sie entweder in England oder im amerikanischen Bundesstaat Massachusetts erfunden wurden. Aber das kann gar nicht sein, denn zwei wichtige Dinge, die man für Fischstäbchen braucht, gab es damals noch gar nicht: die Möglichkeit, Lebensmittel direkt nach der Produktion in großen Mengen einzufrieren, und eine Maschine, die automatisch Haut und Knochen von den Fischen entfernt. Erst 1929 erfand der Amerikaner Clarence Birdseye ein Verfahren, mit dem man Produkte in der Fabrik einfrieren konnte. Vier Jahre später wurde die Filetiermaschine entwickelt, die automatisch Haut und Knochen aussortiert.

Die Vorgänger der heutigen Fischstäbchen waren einfache Streifen von Fischfilet, die paniert und eingefroren wurden. Bei diesen frühen Fischstäbchen war es noch wichtig, welcher Fisch darin steckte – denn man konnte ihn erkennen. Also musste er appetitlich aussehen. In den 1930er Jahren testeten die Briten Fischstäbchen aus Hering auf dem Markt – und gleichzeitig auch welche aus Kabeljau. Zu ihrer Überraschung waren die panierten Kabeljaufilets viel beliebter bei den Kunden.

Auch bei den späteren Fischstäbchen, wie wir sie heute kennen, begann man mit Kabeljau-Fleisch. Anders als ihre Vorläufer bestehen diese Stäbchen allerdings nicht aus einzelnen Filets, sondern aus vielen Filets, die zusammengelegt und dann als Block durch eine Säge geschoben und eingefroren werden. Dabei entsteht die bekannte Stäbchenform. Aber durch dieses Verfahren kann man nicht mehr erkennen, welcher Fisch darin verarbeitet wurde.

In Gloucester, wo wohl in den frühen 1950er Jahren die Geschichte der heutigen Fischstäbchen begann, nutzte man Kabeljau, weil er reichlich vorhanden und günstig war. Die Stäbchen waren neu und interessant – sogar so sehr, dass die berühmte Zeitschrift *Time* 1953 einen Bericht über sie brachte. Die Nachfrage war groß.

Zu dieser Zeit war neben dem Kabeljau noch ein anderer Fisch in Hülle und Fülle vorhanden – der Rotbarsch. Es stellte sich heraus, dass die Maschinen ihn einfacher filetieren konnten als den Kabeljau, und so wurde bald er für die Fischstäbchenproduktion genutzt. Doch in der Zeit nach der Erfindung der Filetiermaschine wurden zu viele Rotbarsche gefangen, und in den 1960er Jahren waren sie schließlich zu selten geworden. Also stellte man die Stäbchen wieder aus Kabeljau her – und wurde der wiederum knapp, griffen die Fabriken auf Schellfisch zurück.

Heutzutage sind Kabeljau, Schellfisch und die meisten Bodenfische zu selten und zu teuer, um eingefroren, zersägt und billig als Fischstäbchen verkauft zu werden. Firmen in Neuengland wie zum Beispiel Gorton kaufen stattdessen Pollack aus dem Pazifik. Er wird von großen Schiffen gefangen, an Bord eingefroren und dann zu Fabriken geflogen, um ihn in Form zu sägen. Aber auch dem Pollack könnte bald das Gleiche passieren wie dem Kabeljau und dem Rotbarsch: Ihm droht die Überfischung.

Aber warum sind Fischstäbchen für die Bestände dieser Arten so ein großes Problem? Zum einen: Unter der Panade erkennt man den Fisch nicht. Sie verschleiert sozusagen, dass hier ein tierisches Produkt verarbeitet wurde. Wer nicht sieht, was er isst, hat auch weniger Respekt vor dem Nahrungsmittel und seiner Entstehung. Zum anderen sind Fischstäbchen einfach billig. Um sie günstig verkaufen zu können, dürfen auch der dazugehörige Fischfang und die Herstellung nicht teuer sein. Das führt oft dazu, dass zerstörerische Methoden angewandt werden – denn sie kosten nicht viel.

UM AN DER FISCHTHEKE ODER IM RESTAURANT die richtigen Entscheidungen treffen zu können, brauchen wir viele Informationen – und genau die sollten wir auch einfordern. Fragt die Verkäufer und Kellner, woher die Fische kommen und wie sie gefangen wurden. Erklärt ihnen freundlich, dass ihr das wissen müsst, bevor ihr euch für einen Fisch entscheiden könnt. Vielleicht haben die Verkäufer oder Restaurantbesitzer keine passenden Antworten auf eure Fragen, weil sie es selber einfach nicht wissen. Aber je öfter ihr oder eure Eltern nachhakt, desto klarer wird es den Händlern und Köchen, dass sie mehr über ihre eigenen Waren in Erfahrung bringen müssen.

Viele Supermarktketten und Fischmärkte machen es sich mittlerweile zur Aufgabe, ihre Kunden besser zu informieren – denn das ist auf Dauer gut für ihr Geschäft. Viele Menschen sind bereit, mehr Geld für einen Fisch zu bezahlen, über den sie etwas wissen und den sie so ganz anders wertschätzen können.

Wenn wir mehr Fisch aus nachhaltiger Fischerei kaufen, werden immer mehr Betriebe darauf umstellen. Im Idealfall würden wir in gewisser Weise zu der Art von Fischerei zurückkehren, die unsere Vorfahren vor Jahrhunderten betrieben haben – ohne die Fischbestände zu zerstören. Dann wäre die Krise der Meere zumindest abgemildert. Trotzdem würden ja noch die Umweltverschmutzung und der Klimawandel die Ozeane, die Fische und das Leben an den Küsten bedrohen.

Aber dennoch: Eine Fischindustrie, die uns mit allen nötigen Informationen versorgt, eine Theke voller zertifizierter Fische – das wäre der erste große Schritt in die richtige Richtung.

Wenn ihr in eurem Ort auf dem Fischmarkt oder beim Fischhändler entdeckt, dass dort Fisch verkauft wird, der nicht auf die Speisekarte gehört, dann sprecht die Verkäufer darauf an. Vorher solltet ihr aber absolut sicher sein, dass der Händler Fische aus schädlichen Fischereien einkauft. Ihr wisst: Die Ozeane sind ein sehr kompliziertes und noch weitgehend unbekanntes System, und bei vielen Dingen können wir uns einfach nicht sicher sein.

Begegnet den Händlern nicht als Feinde, sondern als ruhige Gesprächspartner. Tragt ihnen eure Bedenken vor, sprecht mit ihnen über ihre Produkte, und erklärt ihnen, warum euch das Thema am Herzen liegt – und warum es auch ihnen am Herzen liegen sollte.

Seid ihr in einem Restaurant, dann zögert nicht, den Kellner nach der Herkunft der Fische auf der Speisekarte zu fragen. Vielleicht kennt der Kellner die Antwort nicht, kann aber beim Chefkoch nachfragen. Der ist nämlich in der Regel auch für den Einkauf zuständig. Wenn ihr ihn durch eure Frage auch nur wissen lasst, dass euch die richtige Auswahl wichtig ist, dann wird er vielleicht bei der nächsten Bestellung beim Großhändler stärker darauf achten.

Kann der Chefkoch euch keine Informationen geben, könnt ihr ihm ja eine Nachricht hinterlassen. In der erklärt ihr, dass ihr in seinem Restaurant leider den Fisch nicht wählen konntet, da ihr ausschließlich nachhaltige Fischereien unterstützt.

IHR KÖNNT AUCH BRIEFE AN POLITIKER SCHICKEN.

Die Regierungen spielen eine entscheidende Rolle bei der Kontrolle und Regulierung der Fischerei. Trotzdem gibt es für sie oft wichtigere Themen, besonders vor Wahlen. Erinnert sie in Briefen oder E-Mails an die Bedeutung der Fischerei. In Deutschland ist das Bundesministerium für Ernährung, Landwirtschaft und Verbraucherschutz zuständig, und auch in der Europäischen Union sitzen deutsche Vertreter in Ausschüssen für Fischereipolitik. In einem solchen Schreiben solltet ihr höflich eure Sorgen beschreiben –

und noch euer Alter und eure Klasse ergänzen. Erklärt, was ihr euch von der Politik erhofft, um die Ozeane zu retten, oder was ihr über die Nutzung von Erdöl, Ölbohrplattformen im Meer, Umweltverschmutzung und die globale Erwärmung denkt.

Erinnert die Politiker daran, dass es um eure Zukunft geht und dass etwas getan werden muss.

Aber natürlich können deutsche Politiker allein das Problem nicht lösen. Ein Großteil der Zerstörung durch die Fischerei geschieht in anderen Ländern oder internationalen Gewässern. Erklärt darum in euren Briefen, dass das Thema Fischerei ganz oben auf der Themenliste bei internationalen Treffen und Gesprächen stehen sollte. So ist doch zum Beispiel der Rote Thun besonders deshalb vom Aussterben bedroht, weil er zwischen verschiedenen Gewässern und Regionen hin und her wandert – und es keine gemeinsamen, länderübergreifenden Regeln für seinen Fang gibt. Nur mit internationalen Kontrollen kann er gerettet werden.

Während einige Länder viel tun, um den Roten Thun zu schützen, liegt anderen nicht immer so viel daran. Japan zum Beispiel kauft 80 Prozent des jährlichen Fangs, um daraus Gourmet-Sushi herzustellen, und will den Empfehlungen von Experten, weniger Roten Thun zu verwenden, nicht folgen.

Der einzige Weg, um den Roten Thun zu retten, ist es, andere einflussreiche und wohlhabende Länder dazu zu bringen, ihn in ihren Gesprächen und Verhandlungen mit Japan immer wieder einzubringen. Auch darum könnt ihr die deutschen Politiker in euren Briefen bitten. Die deutsche Regierung hatte sich 2009 schon einmal dafür ausgesprochen, den Handel mit dieser Fischart weltweit zu verbieten. Aber leider wollten nicht genug andere Länder mitziehen.

IHR KÖNNT EUCH AUCH EINER UMWELTSCHUTZGRUPPE ANSCHLIESSEN.

Sie freuen sich immer über Unterstützung. Auch dabei ist es wichtig, sich daran zu erinnern, dass die Ozeane ein schwieriges Thema sind und es noch viele Dinge zu klären gibt. Und obwohl es oft so scheint, als wären Umweltschützer und Fischer Gegner, stehen sie eigentlich auf der gleichen Seite. Beide Gruppen wollen die Ozeane retten. Die Fischer waren ja sogar die Ersten, die das Problem der Überfischung angesprochen haben. Sie sind vielleicht mehr als jeder andere an einer Lösung interessiert. Sie haben sicher nicht immer recht, aber jede vernünftige Lösungsidee wird die Zusammenarbeit mit ihnen voranbringen. Und eine gute Zusammenarbeit ist unbedingt nötig.

Genau wie die Fischer haben auch die Umweltschützer und Wissenschaftler nicht immer recht. Ihnen wird häufig vorgeworfen, dass sie in ihren Berichten übertreiben, um mehr Geld über Spenden zu erhalten. Das stimmt wohl auch ein bisschen. Aber die Umweltorganisationen versuchen nicht nur Geld aufzutreiben, um ihre Arbeit zu finanzieren. Sie wollen auch andere Menschen dazu bewegen, sich ihnen anzuschließen. Da hilft es manchmal, die Dinge vereinfacht zu erklären und alles sehr dramatisch zu schildern.

Fischer beklagen außerdem oft, dass die Umweltschützer auch Geld von Unternehmen und Organisationen erhalten, die nicht nur das Beste für die Natur wollen. Andererseits möchten manche Fischer uns auch vergessen lassen, dass sie nicht nur aus moralischen Gründen für die Ozeane kämpfen, sondern auch, weil sie damit ihren Lebensunterhalt verdienen. Auch bei ihnen führt das manchmal dazu, dass sie die Wahrheit zu ihren Gunsten ganz leicht verdrehen.

Umweltgruppen werden von Wissenschaftlern unterstützt, die sie mit den aktuellsten und wichtigsten Informationen versorgen. Trotzdem könnt ihr vernünftige Infos oft besser von den Wissenschaftlern selbst bekommen, statt den Umweg über die Naturschützer zu gehen. Das Problem ist nur, dass wissenschaftliche Berichte und Studien oft schwer zu verstehen sind. Vielleicht braucht ihr dabei Hilfe von euren Lehrern oder Eltern. Aber die Mühe lohnt sich, denn man kann viel lernen. Viele Biologen haben mittlerweile eigene Internetseiten, auf denen sie ihre Berichte und Meinungen veröffentlichen. Wenn ihr nach der Antwort auf eine bestimmte Frage sucht, gebt sie einfach mal in eine Suchmaschine im Internet ein. Am Ende dieses Buchs findet ihr außerdem ein paar Organisationen, die sich für den Meeresschutz einsetzen und bei denen ihr in Jugendgruppen selbst aktiv werden könnt.

ALLE ERFOLGREICHEN GRUPPEN, die etwas in der Welt verändern wollen, sind das Ergebnis langer, sorgfältiger Planung. Sie erreichen etwas, weil einige mutige und entschlossene Menschen sich zusammentun und aktiv werden. So war es in Deutschland zum Beispiel bei der Studentenbewegung in den 1960er Jahren, bei der friedlichen Revolution in der DDR 1989, beim Kampf für die Rechte von Schwulen und Lesben, die Rechte der Frauen und, und, und. Zuerst wurde jedes Mal eine Organisation ins Leben gerufen, die beständig größer wurde, um dann die ersten Aktionen zu starten.

Wenn ihr euch mit solch erfolgreichen Gruppen beschäftigt, inspiriert euch das vielleicht zu eigenen Ideen. Bücher über sie gibt es bestimmt in eurer Stadtbücherei.

Ihr habt heute allerdings noch ganz andere Mittel zur Verfügung als zum Beispiel die deutschen Studenten in der Mitte des 20. Jahrhunderts: Ihr könnt das Internet nutzen, E-Mails schreiben, auf Facebook posten oder twittern und so in Windeseile viele Menschen über eure Ideen und Pläne informieren. Aber vergesst nicht – auch in der Zeit elektronischer Massenmedien bringt ein persönliches Gespräch manchmal mehr als jede Mail.

Ihr merkt: Den Planeten zu retten bedeutet viel Arbeit. Aber was könnte eine lohnendere Aufgabe sein? Die meisten Wissenschaftler sind sich einig, dass es noch immer nicht zu spät ist. Aber sie stimmen auch darin überein, dass irgendwann ein Punkt erreicht sein wird, an dem der Schaden nicht mehr umkehrbar ist. Vielleicht haben wir sogar nur noch eine Generation lang Zeit, bis es so weit ist.

Darum ist eure Generation so besonders – ihr seid ungewollt und unverschuldet mit mehr Verantwortung und mehr Möglichkeiten ausgestattet als jede andere Generation vor euch.

NICHT NUR DAS ÜBERLEBEN DER OZEANE STEHT JETZT AUF DEM SPIEL – SONDERN DAS FORTBESTEHEN DER GANZEN ERDE.

EIN PAAR TIPPS UND INTERNETADRESSEN

FÜNF DINGE, MIT DENEN IHR DIE OZEANE UND SEINE BEWOHNER SCHÜTZEN KÖNNT

1. Sprecht darüber, und tauscht euer Wissen aus – mit Freunden, eurer Familie und in der Schule.

2. Erkundigt euch über die Fischarten, die bei euch zu Hause auf dem Teller landen. Fragt beim Fischhändler nach, wie sie gefangen wurden. Und versucht doch mal, gemeinsam mit euren Eltern nur Tiere aus nachhaltiger Fischerei zu kaufen.

3. Schreibt Briefe an die Politiker, die Regeln für die Fischerei aufstellen. Sagt ihnen, was euch stört. In Deutschland ist das Bundesministerium für Ernährung, Landwirtschaft und Verbraucherschutz für die Fischerei zuständig.

4. Umweltverschmutzung ist ein großes Problem für die Meere – dagegen könnt ihr etwas tun. Verzichtet, so oft es geht, auf Auto, Bus und Bahn – und geht stattdessen zu Fuß oder nehmt das Rad.

5. Ihr könnt auch versuchen, auf Plastikprodukte zu verzichten – bei Getränkeflaschen oder Verpackungen von Lebensmitteln zum Beispiel. Oder lasst euch in Geschäften Papier- statt Plastiktüten geben. Weniger Plastik auf der Welt wäre ein großer Fortschritt für die Ozeane.

IN NEUN SCHRITTEN ZU EURER EIGENEN MEERESSCHUTZBEWEGUNG

1. Sprecht mit vielen Freunden über die Probleme in den Meeren. Schaut euch gemeinsam Filme an, oder lest Bücher. Bestimmt findet ihr in eurer Stadtbücherei Literatur zu Fischen und den Ozeanen.

2. Bildet eine kleine Gruppe, in der ihr euch regelmäßig trefft. Erzählt anderen von eurer Gruppe, vielleicht haben sie auch Lust, bei euch mitzumachen.

3. Sucht euch einen guten Namen für eure Gruppe, so was wie „Wir für die Ozeane".

4. Überlegt euch kleine Aktionen, die ihr bei euch im Ort machen könnt. Ihr könntet Plakate malen – vielleicht dürft ihr die auch in eurer Schule aufhängen. Verteilt Broschüren. Oder bittet die Fisch-händler in eurer Gegend, keine stark gefährdeten Fischarten mehr zu verkaufen.

5. Erzählt von euren Aktionen und Erfolgen, nicht nur euren Freunden oder Eltern. Gerade Lokalzeitungen oder Radioprogramme berich-ten gerne über Projekte wie eure.

6. Wenn eure Gruppe schon gut organisiert ist, dann denkt doch mal über eine „Zweigstelle" nach. Vielleicht haben Schüler an der Nachbarschule Lust, eine zweite Gruppe zu gründen.

7. Gemeinsam könnt ihr dann auch größere Aktionen starten.

8. So kann es weitergehen. Sucht Mitstreiter in noch mehr anderen Schulen oder sogar in Nachbardörfern oder -städten. Denkt euch originelle Aktionen aus, die euer Ort so noch nie erlebt hat!

SIEBEN GUTE EIGENSCHAFTEN EINES UMWELTSCHÜTZERS

1. Gut informiert! Es ist wichtig, möglichst viel über das Thema zu wissen, das euch am Herzen liegt – und auch immer wieder Zeitungen, Bücher und das Internet nach aktuellen Entwicklungen zu durchforsten. So könnt ihr mit guten Argumenten überzeugen!

2. Witzig! Auch wenn die Lage ernst ist – Menschen überzeugt man oft mit Witz und Humor. Wenn die Leute Spaß bei euren Aktionen haben, bleibt ihr besser in Erinnerung. Und wer will schon einer Gruppe beitreten, in der ständig alle ernst und betrübt sind?

3. Kreativ! Lasst bei der Planung eurer Aktionen eurer Fantasie freien Lauf, wagt auch mal Ungewöhnliches. So zieht ihr Aufmerksamkeit auf euch.

4. Einfühlsam! Geht auf die Sorgen und Gefühle anderer ein.

5. Ehrgeizig! Wenn ihr ein Ziel erreichen wollt, dann bleibt dran. Manche Leute behaupten zwar, dass eine kleine Gruppe in der Welt nichts ändern kann, aber die Geschichte der Menschheit hat uns schon oft genug das Gegenteil bewiesen.

6. Respektvoll! Wahrscheinlich werdet ihr in eurer Gruppe nicht immer einer Meinung sein – und auch die Menschen, die ihr von euren Argumenten überzeugen wollt, werden oft anders denken als ihr. Das mag euch ärgern, aber trotzdem solltet ihr jeden freundlich und mit Respekt behandeln. Dadurch werden die Gespräche mit euren Gegnern viel einfacher – und oft auch erfolgreicher. Und ihr seid ein gutes Vorbild für eure Mitstreiter.

7. Geduldig! Etwas zu verändern, das geht nicht immer von heute auf morgen. Wenn ihr eure Ziele klar vor Augen habt und fest entschlossen seid, dann könnt ihr mit der Zeit viel erreichen.

HIER FINDET IHR WEITERE INFOS ZUM THEMA IM NETZ

BMELV – Durchblicker

www.bmelv-durchblicker.de

Das Bundesministerium für Ernährung, Landwirtschaft und Verbraucherschutz ist in Deutschland zuständig für alles rund um die Fischerei. Der Link führt euch direkt auf die Kinderseite des Ministeriums. Dort gibt es nicht nur Infos über unsere Meere, sondern auch Tipps für eine gute, umweltbewusste Ernährung.

BMU Kids

www.bmu-kids.de

Das Bundesministerium für Umwelt, Naturschutz und Reaktorsicherheit ist in Deutschland für ganz viele Bereiche zuständig. Seine Mitarbeiter machen sich zum Beispiel Gedanken darüber, ob und wie wir mit Strom aus Windkraft und Sonnenenergie versorgt werden können. Sie fragen sich, was man mit Atommüll machen soll und wie die Artenvielfalt in unserer Natur geschützt werden kann. Klar, dass da auch die Meere ein großes Thema sind. Auf der Kinderseite des Ministeriums bekommt ihr Infos zu allen Umweltthemen, könnt Spiele spielen oder an Wettbewerben teilnehmen.

BUND

www.bund.net

Der Bund für Umwelt und Naturschutz Deutschland (BUND) gehört zu den großen deutschen Umweltverbänden. Auf seiner Webseite erfahrt ihr unter dem Stichwort Meeresschutz viel über die Lebensräume Nord- und Ostsee und welche Tiere und Pflanzen dort leben. Ein Schwerpunkt der Schutzarbeit des BUND ist es, Müll aus den Meeren zu holen.

Greenpeace

www.greenpeace.de und **www.kids.greenpeace.de**

Die Umweltschutzorganisation Greenpeace setzt sich weltweit für die Natur ein. Ihre Themen sind unter anderem der Klimawandel, die Atomkraft oder auch Erdöl. Oft sieht man Bilder von Greenpeace-Aktivisten in den Medien, die sich in große Gefahr begeben, um für ihre Überzeugung zu kämpfen. Dadurch erreichen sie Aufmerksamkeit, kommen aber mit ihren Gegnern selten zu einer friedlichen Lösung.

Unter dem Stichwort Meere findet ihr auf der Homepage viele Bilder, Videos und auch Aktionen zum Mitmachen. Ein Einkaufsratgeber, der immer wieder aktualisiert wird, hilft unter anderem bei der Auswahl an der Fischtheke.

Marine Stewardship Council

www.msc.org

Die Mitarbeiter des MSC reisen durch die ganze Welt und überprüfen einzelne Fischereien. Auf ihrer Webseite gibt es haufenweise Informationen; unter anderem auch eine Liste von Fischarten und Fischereien, die das MSC zertifiziert hat. Wenn ihr auf dieser Liste auf eine Art klickt, dann erfahrt ihr, welche Fischereien und Firmen sie nachhaltig züchten und fangen und wo es sie zu kaufen gibt.

Naturschutzbund NABU

www.nabu.de

Der NABU widmet den Meeren und ihren An- und Bewohnern viel Platz auf seiner Internetseite und setzt sich u. a. für den Schutz des Wattenmeers und für Robben und Wale ein. Mithilfe von Fischern will der NABU unter anderem den Plastikmüll im Meer bekämpfen und für mehr Schutzgebiete sorgen. Der NABU hat auch in ganz Deutschland Jugendgruppen, in denen ihr aktiv werden könnt.

Ozeaneum

www.ozeaneum.de **und** www.kindermeer.de

Falls ihr mal in der Stadt Stralsund an der Ostsee seid, lohnt sich ein Besuch im Ozeaneum. Das ist ein großes Naturkundemuseum, in dem das Meer im Mittelpunkt steht. In Aquarien könnt ihr Fische beobachten, erfahrt, wie Ebbe und Flut funktionieren und was in den Weltmeeren so los ist. Sehr beeindruckend sind auch die lebensgroßen Walfiguren, die in einer Halle von der Decke hängen. Auf der Kinderwebseite des Museums gibt es nicht nur viele Infos, sondern auch Spiele und Filme.

Portal Fischerei

www.portal-fischerei.de

Eine Webseite des Bundesministeriums für Ernährung, Landwirtschaft und Verbraucherschutz, kurz BMELV. Hier findet ihr viele offizielle Infos über die Fischereipolitik und Regeln in Deutschland und Europa. Dazu gehören auch viele Zahlen und Statistiken. Außerdem findet ihr dort sehr genaue Steckbriefe der Fischarten, die weltweit gefangen werden, und erfahrt, in welchen Mengen sie aus den Meeren geholt werden.

WWF

www.wwf.de

Der WWF hat auch eine eigene Internetseite für euch:

www.young-panda.de

Der World Wide Fund For Nature (WWF) ist eine der größten und wichtigsten Naturschutzorganisationen der Welt. Ihre Mitarbeiter kümmern sich um bedrohte Tier- und Pflanzenarten und um den Erhalt ganzer Ökosysteme wie der Regenwälder. Auf der Internetseite der deutschen WWF-Zweigstelle findet ihr viele Informationen und Meinungen über den Meeresschutz und die Fischerei. Im Einkaufsratgeber erfahrt ihr, welche Arten besser nicht auf dem Teller landen sollten. Ihr könnt ihn auch als App auf euer Handy runterladen, dann habt ihr ihn immer griffbereit.

GREENPEACE-FISCH-EINKAUFSRATGEBER

Der Fisch-Einkaufsratgeber von Greenpeace hilft euch oder euren Eltern, herauszufinden, welchen Fisch ihr kaufen könnt und auf welchen ihr besser vezichten solltet.

Grün markiert ist empfehlenswerter Fisch, von **rot** markiertem Fisch solltet ihr lieber die Finger lassen. Einige Fischarten sollten nur aus bestimmten Regionen oder Ländern gegessen werden – auch diese Information findet ihr im Einkaufsratgeber.

Esst seltener und bewusster Fisch.

Kauft Fisch aus gesunden Beständen, der mit schonenden Methoden gefangen wurde oder aus nachhaltigen Aquakulturen.

Grün: Noch empfehlenswert

Rot: Nicht empfehlenswert

 **Wildfang**
- Fanggebietseinteilung der Welternährungsorganisation FAO
- Sub-Fanggebiet / Fischbestand
- Fangmethode

Aquakultur
- Herkunftsland
- Aquakultur-Methode

Aal

Anguilla anguilla, – australis australis, – dieffenbachii, – japonica, – reinhardtii, – rostrata

Afrikanischer Wels

Clarias gariepinus

Zu bevorzugen:
- Belgien, Niederlande, Nigeria, Ungarn
- Tanks (geschlossener Kreislauf)

Alaska-Seelachs /-Pollack

Theragra chalcogramma

Anchovi → Sardelle

Barramundi

Lates calcarifer

Noch empfehlenswert:
- Australien, Großbritannien, Polen
- Teiche (geschlossener Kreislauf)

Bonito → Thunfisch

Dorade

Sparus aurata

Noch empfehlenswert:
- Griechenland, Kroatien, Spanien, Türkei
- Extensive Lagunen, Teiche – Naturland zertifiziert

Dornhai / Seeaal / Schillerlocke

Squalus acanthias

Flussbarsch

Perca fluviatilis

Forelle

Oncorhynchus mykiss, Salmo trutta fario

Nicht empfehlenswert:
Regenbogenforelle *(Oncorhynchus mykiss)*
- Dänemark, Deutschland, Italien, Norwegen, Polen
- Käfige

Garnelen → Shrimps

Goldmakrele → Mahi Mahi

Granatbarsch

Hoplostethus atlanticus

Heilbutt

Hippoglossoides platessoides, Hippoglossus hippoglossus, – stenolepis, Reinhardtius hippoglossoides

Hering

Clupea harengus

Nicht empfehlenswert:
- Nordostatlantik FAO 27
- Finnischer Meerbusen, Nördlicher Bottnischer Meerbusen, Rigaer Meerbusen, Zentrale Ostsee, Keltische See, Porcupine Bank, Westlich Irlands
- Nordwestatlantik FAO 21
- Bay of Fundy, Südlicher Golf von St. Lorenz (Frühjahrslaicher), Südwest Nova Scotia

Hoki / Blauer Seehecht

Macruronus magellanicus, – novaezelandiae

Jakobsmuschel → Pilgermuschel

Kabeljau

Gadus macrocephalus, – morhua

Noch empfehlenswert:
Pazifischer Kabeljau
(Gadus macrocephalus)
- Nordostpazifik FAO 67
- Golf von Alaska
- Fallen, Grund-Langleinen, Haken & Leinen

Kaisergranat → Shrimps

Karpfen

Cyprinus carpio carpio

Kliesche

Limanda limanda

Noch empfehlenswert:

- ⌑ Nordostatlantik FAO 27
- ⊞ Nordsee, Skagerrak/Kattegat
- ↴ Grund-Langleinen, Handleinen

Krabben → Shrimps

Lachs

Oncorhynchus spp., Salmo salar

Noch empfehlenswert:

Pazifischer Lachs *(Oncorhynchus gorbuscha, – keta, – kisutch, – nerka)*
- ⌑ Nordostpazifik FAO 67
- ⊞ Golf von Alaska
- ↴ Ringwaden, Schleppangeln, Stellnetze

Oncorhynchus gorbuscha, – keta
- ⌑ Nordwestpazifik FAO 61
- ⊞ Iturup, Sachalin
- ↴ Fallen

Atlantischer Lachs *(Salmo salar)*
- ○ Schottland
- ◗ Käfige – Naturland / Soil Association zertifiziert

Loup de mer → Wolfsbarsch

Mahi Mahi / Goldmakrele

Coryphaena hippurus

Makrele

Scomber scombrus

Marlin

Istiompax indica,
Kajikia albida, – audax, Makaira nigricans

Miesmuschel

Mytilus chilensis, – edulis, – galloprovincialis

Noch empfehlenswert:

- ○ Chile, Deutschland, Frankreich, Irland, Italien, Schottland, Spanien
- ◗ Hängekulturen an Leinen, Pfahlkulturen

Nordseekrabben → Shrimps

Octopus → Tintenfisch

Pangasius

Pangasianodon hypophthalmus

Noch empfehlenswert:

- ○ Vietnam
- ◗ Teiche (geschlossener Kreislauf) – Naturland zertifiziert

Pilgermuschel / Jakobsmuschel

Pecten fumatus, – maximus

Noch empfehlenswert:

Große Pilgermuschel *(Pecten maximus)*
- ⌑ Nordostatlantik FAO 27
- ⊞ Norwegen
- ↴ Taucher

Red Snapper → Schnapper

Rotbarsch

Sebastes fasciatus, – marinus, – mentella

Roter Schnapper → Schnapper

Sardelle / Anchovi

Engraulis anchoita, – encrasicolus, – ringens

Noch empfehlenswert:

Argentinische Sardelle *(Engraulis anchoita)*
- ⌑ Südwestatlantik FAO 41
- ⊞ Bonaerense Sub-Population
- ↴ Netzreusen, Ringnetze, Ringwaden

Europäische Sardelle
(Engraulis encrasicolus)
- ⌑ Nordostatlantik FAO 27
- ⊞ Golf von Biskaya
- ↴ Ringwaden

Peruanische Sardelle *(Engraulis ringens)*
- ⌑ Südwestpazifik FAO 87
- ⊞ Südliches Peru / Chile
- ↴ Ringwaden

Sardine

Sardina pilchardus

Noch empfehlenswert:

- ⌑ Nordostatlantik FAO 27
- ⊞ Irische See, Keltische See, Westlicher Ärmelkanal, Zentrale Nordsee
- ↴ Pelagische Schleppnetze, Ringwaden
- ⌑ Mittelmeer FAO 37
- ⊞ Alborische See, Straße von Sizilien
- ↴ Pelagische Schleppnetze, Ringwaden

Sardinelle

Sardinella aurita

Scampi → Shrimps

Schellfisch

Melanogrammus aeglefinus

Noch empfehlenswert:

- ⌑ Nordwestatlantik FAO 21
- ⊞ Östliche Georges Bank
- ↴ Handleinen, Langleinen

Schnapper

Lutjanus campechanus, – malabaricus

Scholle

Lepidopsetta bilineata, – polyxystra,
Pleuronectes platessa,

Noch empfehlenswert:

Pazifische Scholle
(Lepidopsetta bilineata, – polyxystra)
- ⌑ Nordostpazifik FAO 67
- ⊞ Aleuten, Beringsee, Golf von Alaska
- ↴ Grund-Langleinen

Schwarzer Seehecht

Dissostichus eleginoides

Schwertfisch

Xiphias gladius

Seehase

Cyclopterus lumpus

Seehecht

Merluccius australis, – capensis,
– gayi gayi, – gayi peruanus, – hubbsi,
– merluccius, – paradoxus, – productus

Noch empfehlenswert:

Kap-Seehecht *(Merluccius capensis)*
- Südostatlantik FAO 47
- Namibia, Südafrika
- Handleinen

Seelachs / Köhler

Pollachius virens

Seeteufel

Lophius americanus, – budegassa,
– piscatorius

Seezunge

Solea solea

Shrimps / Garnelen / Scampi

Crangon crangon, Litopenaeus
vannamei, Macrobrachium rosenbergii,
Metapenaeus monoceros, Nephrops
norvegicus, Pandalus borealis, – jordani,
Penaeus monodon, – spp.

Noch empfehlenswert:

Kaisergranat / Scampi
(Nephrops norvegicus)
- Nordostatlantik FAO 27
- Skagerrak / Kattegat
- Fallen

Rosenberggarnelen
(Macrobrachium rosenbergii)
- O China, Taiwan, Thailand, Vietnam
- ◆ Teiche

Tropische Shrimps / Black Tiger
(Penaeus monodon)
- O Bangladesch, Indien, Indonesien, Vietnam
- ◆ Teiche (geschlossener Kreislauf) –
  Naturland zertifiziert

Sprotte

Sprattus sprattus

Noch empfehlenswert:
- Nordostatlantik FAO 27
- Ostsee
- Ringwaden

Steinbeißer / Seewolf

Anarhichas lupus

Thunfisch

Katsuwonus pelamis,
Thunnus alalunga, – albacares, – maccoyii,
– obesus, – orientalis, – thynnus

Noch empfehlenswert:

Skipjack / Bonito *(Katsuwonus pelamis)*
- Nordostpazifik FAO 67, Nordwestpazifik
  FAO 61, Östlicher Zentraler Pazifik FAO 77,
  Südwestpazifik FAO 81, Westlicher
  Zentraler Pazifik FAO 71
- Westlicher und Zentraler Pazifik
- Ruten & Leinen

- Indischer Ozean FAO 51, 57
- Indischer Ozean
- Ruten & Leinen

Weißer Thunfisch *(Thunnus alalunga)*
- Nordostpazifik FAO 67, Nordwestpazifik
  FAO 61, Östlicher Zentraler Pazifik FAO 77,
  Westlicher Zentraler Pazifik FAO 71
- Nordpazifik
- Ruten & Leinen

- Östlicher Zentraler Pazifik FAO 77, Südost-
  pazifik FAO 87, Südwestpazifik FAO 81,
  Westlicher Zentraler Pazifik FAO 71
- Südpazifik
- Ruten & Leinen

Tilapia

Oreochromis spp.

Noch empfehlenswert:
- O Honduras
- ◆ Tanks (geschlossener Kreislauf) –
  Naturland zertifiziert

Tintenfisch / Krake / Octopus / Sepia

Doryteuthis pealeii, Illex argentinus,
– illecebrosus, Loligo forbesii, – gahi,
– opalescens, – vulgaris, Octopus vulgaris,
Sepia officinalis

Noch empfehlenswert:

Illex illecebrosus
- Nordwestatlantik FAO 21
- Golf von St. Lawrence, Neufundland,
  Scotian Shelf
- Haken & Leinen

Loligo opalescens
- Östlicher Zentraler Pazifik FAO 77
- Golf von Kalifornien
- Ringwaden

Loligo vulgaris
- Mittelmeer & Schwarzes Meer FAO 37,
  Nordostatlantik FAO 27, Östlicher Zentraler
  Atlantik FAO 34
- Haken & Leinen

Sepia officinalis
- Nordostatlantik FAO 27
- Golf von Biskaya, Golf von Cadiz,
  Kantabrische See, Keltische See,
  Südwestlich Irlands
- Fallen, Haken & Leinen

Wels → Afrikanischer Wels

Wittling

Merlangius merlangus

Wolfsbarsch / Loup de mer

Dicentrarchus labrax

Noch empfehlenswert:
- O Mittelmeer-Länder
- ◆ Extensive Lagunen

Zander

Sander lucioperca

DANKSAGUNG

Ich möchte meiner Agentin Charlotte Sheedy dafür danken, dass sie dieses Buch zu den richtigen Leuten gebracht hat; meiner Lektorin Raquel Jaramillo dafür, dass sie es mit so viel Energie und Leidenschaft umgesetzt hat, und für ihre Liebe zu den Ozeanen und den Kindern; und Frank Stockton für die inspirierende Kunst in diesem Buch. Ein großer Dank geht auch an Talia Feiga Kurlansky, meine Angelfreundin und Chefberaterin für Kinder (und außerdem meine Tochter).

Vielen Dank an Frank Lauria für die Hilfe beim Quallenrezept.

Und besonders möchte ich den folgenden Biologen für ihre Beratung und Inspiration danken: Lisa Balance, Nancy Knowlton, Sarah Mesnick, Daniel Pauly, Michael Sutton und Edward O. Wilson. Wenn ihr eine interessante Sicht auf die Welt sucht, dann sprecht mit einem Biologen.

DAS BUCH VON A BIS Z

200-Meilen-Zone, 93–94

Algenblüte, 35

Atlantischer Lachs, 18

Auerochse, 114

Baumkurren, 53

Beifang, 118–122

Biodiversität, 19

Biologisches Aussterben, 18

Blauflossen-Thunfisch (auch Roter Thun), 30, 182, 188

Blei, 152–153

Buckelwal, 66

Chrom, 154–155

Dampfmotoren, 50–56

Darwin, Charles, 12–18, 69, 78, 80, 83, 99, 113, 118

Deepwater Horizon, 147–148

Delfin, 30, 172

DNA, 155–157, 168

Dosenthunfisch, 183

Eisbär, 161

Erdöl, 144–150

Europäische Flunder, 27, 68

Exxon Valdez, 145

Fangquote, 116–118

Farmfische, 112–115

Fischeier, 77–79

Fischfarmen, 112–115

Fischstäbchen, 183–185

Fregattvogel, 33

Gelbflossen-Thunfisch, 172

Gifte, 150–155

Globale Erwärmung, 160–165

Granatbarsch, 70–73

Grundschleppnetze, 132–139

Haie, 182

Hering, 49–50, 68

Homo sapiens, 13–15

Huxley, Thomas Henry, 80–85

Island, 91–93, 116–117

Kabeljau, 13–14, 27, 77–79, 95–99, 103–105, 117–118, 171, 184–185

Kambrium, 29

Klimawandel, 160–165

Kohlendioxid, 161, 165

Korallenriffe, 20, 163

Krill, 66, 178

Lederschildkröte, 40

Nachhaltige Fischerei, 108–109, 131–139

Ölbohrplattformen, 147–150

Papageitaucher, 33

PCB, 150

Plankton, 34–35, 65–66

Quallen, 37–39

Quallen-Salat, 39

Quastenflosser, 22

Quecksilber, 152–153

Riesenmaulhai, 23

Robben, 171

Roter Thun (auch Blauflossen-Thunfisch), 30, 182, 188

Roter Trommler, 174–175

Rußseeschwalbe, 33

Salvin-Sturmvogel, 34

Salzgehalt/Salinität, 164

Schellfisch, 68, 118

Scherbrettnetze, 54

Scheunentorrochen, 128

Schwarzer Seehecht, 175, 178

Sperrungen, 125–127

Stellnetze , 124

Tourismus, 104–108

Treibhausgase, 161–165

Trilobit, 29

Umweltverschmutzung, 142–157

Wale, 182

Wirtschaftliches Aussterben, 18

Zeitquote, 122

© Rick Gold

MARK KURLANSKY, geboren 1948, war hauptberuflicher Fischer und arbeitet heute u. a. als Autor und freier Journalist. Er schrieb über 20 Kinder- und Sachbücher, die in den USA zu Bestsellern wurden und schon unzählige Preise gewannen. Mit seiner Frau und seiner Tochter, seiner liebsten Angelfreundin, lebt er in New York City und Gloucester, Massachusetts.

FRANK STOCKTON ist ein amerikanischer Künstler und Illustrator, dessen Arbeiten u. a. in *Esquire*, *The New Yorker*, *The New York Times* und *Rolling Stone* erschienen sind und für die er bereits mehrere Auszeichnungen erhalten hat. Frank Stockton lebt in Brooklyn, New York.